EL CAMINO DE LA ESCRITURA

JULIA CAMERON

EL CAMINO DE LA ESCRITURA

HERRAMIENTAS CREATIVAS PARA EL ARTE DE ESCRIBIR

Título original: *Write for Life*

Primera edición: junio de 2023

© 2022, Julia Cameron
Publicado por acuerdo con la agencia literaria David Black
a través de International Editors' Co.
© 2023, Penguin Random House Grupo Editorial, S. A. U.
Travessera de Gràcia, 47-49. 08021 Barcelona
© 2023, María del Mar López Gil, por la traducción

Printed in Spain – Impreso en España

ISBN: 978-84-03-52412-5
Depósito legal: B-7.855-2023

Compuesto en Mirakel Studio, S. L. U.

Impreso en Limpergraf
Barberà del Vallès (Barcelona)

AG 2 4 1 2 5

A Julianna McCarthy,
por su poesía,
sus oraciones y su pasión

Agradecimientos

Al maestro Joel Fotinos, por su constante estímulo y maravillosa inspiración.

A la doctora Jeannette Aycock, por su optimismo a ultranza.

A Jennifer Bassey, por su inspiradora fe.

A Tyler Beattie, por su entusiasmo y creatividad.

A Domenica Frenzel, por su pasión y sus oraciones.

A Natalie Goldberg, por su inspirador ejemplo.

A Gerard Hackett, por sus acertados comentarios.

A Gwen Hawkes, por su meticulosidad.

A Nick Kapustinsky, por su inteligencia y perspicacia.

A Rena Keane, por su generosa fe.

A Laura Leddy, por su maravilloso apoyo.

A Emma Lively, por su inspiración e integridad.

A Jacob Nordby, por sus oraciones y su prosa.

A Scottie Pierce, por su práctica diaria.

A Susan Raihofer, por su buen criterio y audacia.

A Ed Towle, por su humor e ingenio.

ÍNDICE

Cómo usar este libro

El camino de la escritura es un curso de seis semanas para cualquiera que trabaje en un proyecto de escritura, desde escritores noveles hasta veteranos. Este libro es una invitación para ponerte manos a la obra con un proyecto, tener constancia y terminarlo. Considéralo un compañero en tu viaje desde la concepción de la idea hasta su consecución. Estas páginas reúnen los consejos y trucos en los que yo misma he confiado para escribir más de cuarenta libros, incluido este. Abrigo la esperanza de que te sirva a modo de guía a lo largo de las próximas seis semanas y, al mismo tiempo, de manual de consulta en lo que escribas más adelante. Te ayudará a arrancar, a mantener la constancia y a usarlo como referencia al terminar el manuscrito y pasar a la fase de revisión.

Es el acto de escribir lo que nos convierte en escritores. Si sientes el deseo de escribir, vale la pena atender a ese deseo y dar el paso. Llevo más de cincuenta años dedicándome a la escritura a tiempo completo, escribiendo libros, poesía, música, obras de teatro, películas y novelas. Esta es mi carta de amor a la escritura, y a los escritores: compartir las herramientas que he utilizado —y que cualquiera puede usar— con el fin de escribir para vivir.

Enciende la mecha

Hay varias herramientas básicas que sirven de fundamento para que la escritura resulte productiva. Con el empleo de estas herramientas es posible allanar el terreno de la longevidad como escritor. Esta semana encenderás la mecha: te prepararás para asumir tu compromiso a largo plazo con tu proyecto de escritura. Si te ciñes a estas herramientas y analizas cómo abordas tu escritura, pondrás en marcha un proceso saludable y sostenible que te ayudará en el transcurso de las próximas seis semanas… y más adelante.

INTRODUCCIÓN

Me encanta escribir. Tengo setenta y tres años, y llevo haciéndolo a tiempo completo desde los dieciocho. Eso son cincuenta años: un romance que viene de largo.

Me *encanta* escribir. Cuando me pongo a escribir, se me aclaran y ordenan las ideas.

Me encanta escribir y, por tanto, lo hago a diario. Ahora mismo estoy sentada en mi biblioteca, en mi gran silla de oficina de piel, y, efectivamente, estoy escribiendo. Mi perrita Lily, un terrier blanco, se tumba a mis pies. «Qué perrita más buena», digo en un arrullo. Pero

Lily no es una perrita buena; es traviesa, y entre sus travesuras destaca su fijación por los bolígrafos. «Lily es la perrita de una escritora», bromeo. Me acomodo para escribir y Lily se acomoda para quitarme el bolígrafo. Deslizo la mano sobre la página y, siempre que paro, Lily me arrebata de un salto el bolígrafo, pone pies en polvorosa y, al cabo de unos minutos aparece con el bolígrafo hecho trizas y un gracioso mostacho negro.

«Lily, estoy intentando escribir», la regaño, pero el juego de «atrapar el bolígrafo» le resulta muy entretenido. Salta sobre mi regazo y cae de lleno encima del cuaderno, empuña el bolígrafo y sale corriendo. De modo que ahora estoy escribiendo con un segundo bolígrafo. Lo que quiero escribir es precisamente acerca de la escritura.

Empezaré con un informe de flora y fauna: mis rosas, rojo pasión y blancas, están en flor. Los pájaros cantores gorjean desde los juníperos. En el suelo, las veloces lagartijas cola de látigo desaparecen rápidamente del camino. Lily sale disparada a la caza. A pesar de que solo estamos a principios de mayo, en Santa Fe se ha adelantado el verano. Hoy hace calor y la neblina empaña las montañas. En mi caminata con Lily, enseguida me da sed. Cuando los coches nos adelantan por la pista de tierra, dejan a su paso una estela de polvo flotando en el aire. Me detengo y espero a que el polvo se asiente antes de continuar. Nuestros paseos son una disciplina diaria que me he autoimpuesto. En los días en los que cancelo el paseo —por exceso de viento o lluvia—, Lily se pone a caminar inquieta de un lado a otro por las losas de terracota de mi casa de adobe. «Lily —le digo—, saldremos mañana».

Cuando cae la noche, Lily se tranquiliza. La luna de tres cuartos de la pasada noche iluminó las montañas

como un disco argénteo. Esta noche habrá una luna casi
llena cuyo resplandor realzará el jardín, con una luz que
invita a escribir, y por tanto me pongo con ello.

Escribir es una disciplina diaria, lo mismo que caminar. Me siento nerviosa si me salto la rutina, lo mismo
que Lily. Así pues, me pongo a escribir los pormenores
del día, sabiendo que escribir fomenta la escritura. He
pasado los seis últimos meses entre libros, oficialmente
sin escribir, salvo mis páginas matutinas. Me ha dado
por escribir tarjetas y cartas a mis amigos lejanos. Ins-
pirados por mi ejemplo, muchos de ellos han hecho lo
mismo, y las tarjetas se cruzan en el correo.

«Vivimos muy lejos la una de la otra», acostum-
braba a lamentarse mi amiga Jennifer. Yo elegía con
cuidado las tarjetas que le enviaba: imágenes de Nuevo México que volaban hasta Florida. Le envié una
fotografía de nuestra catedral, de una ristra de guin-
dillas, de un cactus en flor. A Jennifer le encantaron
las fotos y mis concisas notas tamaño tarjeta. Ya no se
queja de nuestra separación. La palabra escrita y las
fotos la reconfortan más que cualquier conversación
telefónica.

Sentada a mi mesa de comedor, me pongo a escribir tarjetas. Siento el impulso de hacerlo con gran mi-
nuciosidad: una tarjeta con rosas para Laura en la que
le doy el parte de mis propias rosas; una tarjeta con un
búho en la que le digo a mi mentora, la poetisa Julianna McCarthy, lo mucho que aprecio su sabiduría; a mi
hija, Domenica, amante de los caballos, le envío una
tarjeta de ponis con una nota preguntándole por sus
progresos en el adiestramiento de un potro. Cada nota
es una muestra de aprecio hacia el destinatario; me he
tomado la molestia de escribir. En la terraza de una
cafetería saboreo un *chai latte* con leche de soja. Cono-

ciendo su gusto por un elaborado capuchino, le escribo a mi colega Emma Lively.

«Recibí tu tarjeta —me informa Laura tan solo tres días después. La suya lleva rosas trepadoras, altas como la propia Laura—. Es preciosa —añade—». Sentada de nuevo a mi mesa de comedor, le envío una tarjeta con espuelas de caballero. Recuerdo que le gusta el azul.

«Eres apreciada», dicen nuestras tarjetas, y ver es creer. Acumulamos las notas escritas a mano que recibimos. Mi hija me comenta que las suyas, colgadas de un hilo, decoran su estantería. «Son muy alegres», señala.

Y escribir es una alegría, un potente revulsivo para el ánimo. Nos reporta regocijo. Cuando nos ponemos a escribir, ensalzamos nuestras vidas. «Importamos», declaran nuestras palabras. Al hacer un esfuerzo y tomarnos la molestia de describir nuestro estado de ánimo, encontramos que este mejora. Al prestar atención, calmamos esa parte ansiosa de nuestro ser que se pregunta: «¿Y yo qué?». Dejamos de ser huérfanos para ser queridos, y escribir a nuestros amigos es un gesto de aprecio. Escribir pone las cosas «en orden». Se salvan las distancias propias de la vida moderna y lo que nos separa de los buenos propósitos.

Me *encanta* escribir. Escribir es un arma poderosa. Es un acto de valentía. Al escribir, nos sinceramos acerca de cómo somos y de cómo nos sentimos. Le regalamos nuestras coordenadas al universo: «Estoy justo aquí». Damos permiso al universo para que interceda por nosotros. Cuando escribimos, experimentamos sincronía. Nuestra *suerte* mejora. La escritura es un camino espiritual, pues con cada palabra damos otro paso adelante. La escritura entraña sabiduría. Se requiere valentía para ver nuestro mundo y a nosotros mismos

«Escribir es lo único que, cuando lo hago, no siento que deba hacer otra cosa».

GLORIA STEINEM

con mayor claridad. Es un compromiso con la honestidad. En la página en blanco y negro vemos las variables con las que jugamos. La escritura es una cuerda salvavidas. Me *encanta* escribir.

Herramientas necesarias: páginas matutinas y citas con el artista

Como escritora, atribuyo mi buena disposición a comenzar donde estoy a mi práctica diaria de escribir las páginas matutinas. ¿Qué son exactamente? Son tres páginas diarias estrictamente de flujo de conciencia escritas a mano al despertar.

Las páginas me despejan la cabeza y establecen las prioridades de mi jornada. Yo las considero una potente forma de meditación. Es imposible hacerlas mal: simplemente no dejes de deslizar la mano sobre la página mientras anotas todo lo que se te pase por la cabeza. Es como enviar el telegrama «Esto es lo que me gusta; esto es lo que no me gusta» al universo con un «Por favor, ayúdame» entre líneas. Si las páginas son una meditación, también constituyen una potente forma de oración.

Cuando comencé a escribir las páginas matutinas, necesitaba rezar. Había ido a parar a la pequeña localidad montañosa de Taos, en Nuevo México, para poner en orden mi brillante carrera. Había escrito el guion de una película para Jon Voight que, tras un «brillante», tuvo un silencio por respuesta. Desanimada, alquilé una casita de adobe al final de una pista de tierra. Como era un lugar solitario, inicié la práctica de escribir las páginas matutinas para sentirme más acompañada. Cada día, antes de que mi hija se despertara, me levantaba y me dirigía a la larga mesa de pino situada delante de un ventanal con vistas a la montaña de Taos. Registraba, sin falta, el estado de la montaña: nublado…, despejado…, nubes dispersas junto a la cumbre…

«¿Qué debería hacer con el guion de la película?», preguntaba a las páginas a diario.

Y llegaba la respuesta: «No hagas nada con el guion. Escribe, y punto».

Así pues, me ponía a escribir, de nada en particular, tan solo divagaciones del día a día. Tres páginas diarias me proporcionaron una motivación; era una cantidad asumible. Me resultaba fácil escribir la primera página y media. La segunda página y media, que me costaba más, era una mina: corazonadas, pálpitos, percepciones… Las páginas crearon un hábito. Me incitaron al autoconocimiento con su persuasión. Intimé conmigo misma. Las páginas suponían un reto, un lugar donde corría el riesgo de ser yo misma. Me puse a escribir… y me encantó.

Una mañana, después de terminar mis páginas, me asombró ver la entrada en escena de un personaje. Se trataba de una mujer llamada Johnny, una pintora de la técnica al aire libre que ejecutó una magnífica obra con la punta de mi bolígrafo. Johnny no era un personaje cinematográfico, sino —y esto fue lo que me asombró— la protagonista de una novela. La primera escena se desarrolló rápidamente a través de mi mano mientras mi mente iba a la zaga. «No tienes por qué escribir guiones, puedes escribir libros». El arrebato de libertad se me subió a la cabeza. Ya no estaba atrapada como guionista: me había liberado, me había redimido. Le debía mi libertad a las páginas matutinas, que habían abierto una inesperada puerta interior. Les estaba agradecida, y, por tanto, mantuve a rajatabla mi práctica de escribir tres páginas diarias antes de dedicarme a Johnny y sus andanzas.

Escribí desde el verano hasta bien entrado el otoño. Johnny pintó el follaje cambiante. Con la llegada del invierno, aparcó el pincel. Se había enamorado. Feliz, empezó a pintar bodegones: unas peras, un cesto de manzanas… Estaba contenta y su nueva pareja le sirvió de musa. Yo, personalmente, me sentía sola. No tenía ningún amante cerca. Me dio por añorar mi vida en Nueva York, rebosante de personas y oportunidades. Una mañana gris en la que no se divisaba la montaña, escribí: «Fin». Más tarde, ese mismo día, metí los bártulos en mi coche y emprendí el largo trayecto de regreso a Greenwich Village.

A mi llegada a Nueva York tras el largo viaje por carreteras interestatales, volví a matricular a mi hija, Domenica, en el colegio e inicié una costumbre de largas caminatas en solitario con la esperanza de que me sirvieran de inspiración para continuar escribiendo. ¿Un guion? ¿Un libro? Con la esperanza de hallar una pista, mantuve la práctica de las páginas matutinas. Sin ser consciente de ello, estaba creando una pauta de por vida: primero, las páginas matutinas; después, un paseo consciente. Me familiaricé con las calles adoquinadas del West Village, lo mismo que con la escala humana de casas, tiendas y cafeterías de piedra rojiza. Entonces, una tarde, mientras paseaba, oí una directriz: «Enseña. Debes enseñar».

Recibí mi orden de marchar, «enseña», y no podía hacer oídos sordos. Pregunté a los cielos: «Por favor, ¿qué enseño? ¿Y dónde?». Mis paseos se expandieron, igual que mi pensamiento. Enseñaría lo que yo denomino «desbloqueo creativo». Inculcaría a mis alumnos mi propio método: las páginas matutinas y los paseos.

«Todo cuanto necesito es una hoja de papel y algo para escribir, y así cambiaré el mundo».

FRIEDRICH NIETZSCHE

Les mandaría que se aventuraran a explorar, como en mi visita a una pajarería, donde hice buenas migas con un loro gris africano. Denominé «citas con el artista» a estas agradables salidas en solitario para alimentar mi pozo. A solas, sin teléfonos, perros ni amigos, las citas con el artista eran un ejercicio lúdico. Hacía falta valor para aventurarse a salir al mundo con el fin de «hacer algo divertido sin más». Animé a mis alumnos a dejar su zona de confort y a probar suerte en salidas lúdicas novedosas para ellos. «¿Qué le apetecería al niño de ocho años que lleváis en vuestro interior?», les preguntaría. «Probad eso».

Me ofrecieron una vacante de docente en el Instituto de Arte Feminista de Nueva York, del que jamás había oído hablar. Mi primera clase fue una toma de contacto un jueves. Me sentía nerviosa y emocionada por compartir. Nos reunimos en Spring Street, en una amplia y ventilada sala con altas ventanas.

Mis alumnos eran personas ávidas por aprender. A medida que adquirían el hábito de las páginas matutinas, las citas con el artista y los paseos, comentaban sus logros. Janet, una directora de cine pelirroja que se veía bloqueada, empezó a dirigir de nuevo. Susan, una escritora bloqueada, comenzó una novela. Las páginas les marcaban el siguiente paso a todos; los pequeños pasos propiciaban grandes pasos. El riesgo de escribir páginas a diario se convirtió en el riesgo de crear arte a diario. Me sentí eufórica y satisfecha por los logros de mis alumnos. Para mi sorpresa, me gustó la enseñanza. Me gustó muchísimo. Mi clase se convirtió en mi laboratorio.

En cada clase, presentaba a mis alumnos técnicas de sanación. Yo enseñaba y aprendía; al enseñarlos a desbloquearse, yo misma disfrutaba de la libertad de desbloquearme. No se trataba de enseñar en vez de escribir, sino de enseñar a *soltar* la escritura. Con el tiempo, los apuntes que yo tomaba durante las clases sirvieron de material para *El camino del artista.*

Ciñéndome a mi propia práctica, me di cuenta de que continuaba realizando grandes logros. Las páginas me instaron a escribir un nuevo guion. Hacían hincapié en que no me encontraba atrapada en mi nueva identidad de novelista o de docente; no, las páginas insistían en que yo era una escritora, y los escritores simplemente escriben. He seguido ese consejo desde entonces y, motivada por las páginas, he tocado multitud de géneros. He escrito obras de teatro, guiones, poemas, canciones… e incluso una novela negra. Y todo ello por el puro placer de escribir.

A menudo me preguntan si, después de cuatro décadas, continúo escribiendo las páginas matutinas. La respuesta es sí. Nada más despertarme me dirijo a la cocina, abro la nevera y saco la jarra de café de la noche anterior. A continuación me acomodo en un sofá de la sala de estar. «Aquí estoy», escribo. Me pongo a escribir y describo cómo me encuentro de ánimo esa mañana; nada es demasiado insignificante para no ser registrado. Redacto tres páginas, anoto los pormenores de mi vida. Detalle a detalle, registro mi vida. Detalle a detalle, se me insta a la acción. A diferencia de la meditación convencional, que induce al practicante a la calma, las páginas matutinas empujan a la acción. Las páginas plantean desafíos: algunos pequeños, otros no tanto. La primera vez que sacan a relucir un desafío, quizá pensemos: «No puedo hacer eso». La siguiente, tal vez digamos: «No creo que pueda hacer eso». Sin embargo, cuando las páginas insisten, nos oímos decir: «Vale, de acuerdo, lo intentaré». Y, al intentarlo, encontramos que el desafío era asumible. Nos atrevemos a crecer. Con el tiempo, aprendemos a superar nuestra renuencia. Cooperamos cuando se nos presentan desafíos. Las páginas nos infunden valor, cambian nuestra trayectoria existencial infundiéndonos una actitud osada en la vida. Mis páginas son un telegrama para el universo. Por los años que llevo escribiendo por las mañanas, sé que estos telegramas no caen en saco roto. Desde que inicié la práctica de las páginas matutinas, he publicado más de cuarenta libros.

HACIA LA SALUD CREATIVA

Hace un día azul y blanco: cielos azules, esponjosas nubes blancas. Los pliegues del flanco montañoso parecen de terciopelo púrpura. Mi perrita está deseando dar un paseo. Sale de expedición retozando con brío. Yo aprieto el paso para acompasarlo al suyo. Hoy es un buen día para escribir: encenderé la mecha con mi paseo. Colocando un pie delante del otro, paso a paso, rezaré para recibir orientación. Pediré que encuentre la inspiración para escribir lo que ha de ser escrito. Tendré una corazonada, y veré dónde me conduce.

En 1938, Brenda Ueland publicó *Si quieres escribir*, un libro con perspicacia, personal y práctico, que ilustra con detalle los cuidados y atenciones que necesitan los escritores como artistas creativos. Ella, partidaria de los paseos, opinaba, lo mismo que yo, que la inspiración llega al cuerpo en movimiento. Escribió: «Piensa que eres un poder incandescente iluminado con el que tal vez Dios y sus mensajeros se comunican eternamente. Dado que eres distinto de cualquier otro ser que haya sido creado desde el principio de los tiempos, eres incomparable».

Ueland sostenía, lo mismo que yo, que la originalidad surge de la autenticidad, y esta, de la inspiración que llega con el deseo de encontrarla. Ella creía en la orientación que se recibe desde reinos más elevados. Al caminar, limpiamos nuestros canales y percibimos claramente el rumbo, sin el runrún de nuestras circunstancias cotidianas. Cuando rezamos «Te ruego que me guíes», de hecho, se nos guía. Se nos ocurren ideas y, después, al ponerlas por escrito, nos sentimos reconfortados por su validez.

Ueland afirmaba que utilizar nuestras dotes creativas nos sana. Escribió: «¿Por qué todos deberíamos usar nuestro poder creativo? Porque no hay otra cosa que haga a la gente más generosa, dichosa, vivaz, audaz y compasiva, más indiferente a los enfrentamientos y a la acumulación de objetos y dinero».

La maestra espiritual Sonia Choquette coincide con Ueland en que escribir sana. En su opinión, siempre que expresamos nuestra verdad por escrito, fortalecemos el alma. «Lo creas o no —escribe—, hay un poder inherente en cada palabra».

Yo digo: créelo. Al poner por escrito nuestras esperanzas, nuestros sueños y deseos, invocamos al universo para que interceda por nosotros. Es innegable, tal y como afirma Ueland, que «Dios y sus mensajeros se comunican eternamente con nosotros».

La inspiración nos llega mientras caminamos. El novelista John Nichols, autor del famoso libro *Rebelión en Milagro*, camina a diario. Yo también, lo mismo que Natalie Goldberg. Ueland opina esto al respecto: «Te diré lo que he aprendido: para mí, una caminata de ocho o nueve kilómetros surte efecto, y uno debe ir solo y todos los días».

Emma Lively, escritora y compositora, camina a diario. Mientras camina, sueña despierta. Siente corazo-

«Si quieres cambiar el mundo, coge un bolígrafo y escribe».

Martin Luther King

nadas, pálpitos, revelaciones… Al llegar a casa, se pone a escribir melodías y escenas para sus musicales. Lively coincide plenamente con Ueland: «La imaginación necesita remolonear; un buen rato de ocio, juego y tonteo improductivo y placentero…».

Emprendo mi caminata y recorro en zigzag las carreteras de montaña de Santa Fe mientras majestuosos halcones planean por el cielo y gráciles ciervos se cruzan en mi camino. Cuando llego a casa, escribo mi primer pensamiento, y a este le sucede otro. Examino mis ideas y encuentro que los pensamientos afloran fácilmente, lo cual atribuyo a mi caminata. Al desentumecer el cuerpo, he desentumecido la mente.

LA CUOTA DIARIA

Permíteme que lo reitere: las páginas matutinas son tres páginas escritas a mano en papel de formato carta. La primera página y media resulta fácil de redactar; la segunda página y media cuesta más, pero es una mina. Escribir las páginas genera resultados. Ahora quiero mencionar otra pauta igualmente válida: fijar una cuota diaria para escribir tu proyecto.

Como en el caso de las páginas matutinas, la primera página y media resulta fácil de redactar, pero la segunda página y media cuesta más. El truco consiste en escribir una cantidad determinada de páginas del proyecto al día. Yo sugiero tres si se trata de una obra de teatro o un guion, y dos en el caso de la prosa, más densa. Poner el listón bajo, en dos o tres páginas, es una garantía de éxito. A medida que acumules páginas día a día, también aumentará tu autoestima. Si consideras que podrías dar más de ti mismo, resiste la tentación.

Quien es lento y constante gana la carrera. Cíñete al dicho «Vísteme despacio, que tengo prisa» como un mantra y ten presente que significa «Sin prisa, pero sin pausa». De hecho, el ritmo lento cunde: noventa páginas de un guion en un mes, sesenta páginas de prosa. Escribe todos los días, y siente la emoción del logro. Enorgullécete de tus progresos.

Enorgullécete también de alimentar tu creatividad. Escribiendo a diario, te nutres de tu pozo interior constantemente. Ocúpate de reabastecer ese pozo con la práctica periódica de citas con el artista. Como he dicho antes, una cita con el artista es una salida en solitario para hacer algo divertido, lúdico, algo que te resulte muy gratificante o interesante. Las citas con el artista, que son algo placentero de tu elección, rellenan tu pozo interior. Las imágenes e ideas que has utilizado para escribir las reemplazas con las citas con el artista. Por regla general, con organizar una cita con el artista por semana es suficiente. No obstante, si sientes que la escritura se vuelve ardua y se empobrece, la solución es organizar una segunda cita semanal.

Igual que con las páginas matutinas, la clave está en la constancia. Al cumplir tus expectativas con una cuota reducida y asumible, te sentirás orgulloso de los resultados. Tu identidad como escritor de oficio se afianzará y un sentimiento de fe y satisfacción mitigará la ansiedad que te genera el proyecto. Poniendo el listón bajo, tu imaginación superará el reto diario y el flujo de ideas irá acompasado a tu ritmo.

«Julia, eres muy productiva», me dicen a menudo, a veces con cierto reproche. La pregunta tácita es: «¿Cómo lo haces?». «La clave de la productividad es la constancia», respondo. Así pues, me ciño a mi rutina de páginas matutinas, citas con el artista y paseos, y a mi

«Si deseas ser escritor, escribe».

Epícteto

norma de realizar mi cuota diaria. Estoy escribiendo este libro sin prisa, pero sin pausa. Día a día, predico con el ejemplo.

¿QUIÉN PUEDE ESCRIBIR?

Existe el mito de que los escritores —los verdaderos escritores— constituyen una minoría selecta. Me gustaría desmontar ese mito. En mi opinión, todos podemos escribir, lo que pasa es que a muchos nos da miedo ponernos manos a la obra. Ante el temor de ser juzgados, de quedar en ridículo, nos acobardamos.

Nuestra retahíla de excusas comienza con un «Me encantaría escribir, pero…». «Me encantaría escribir, pero no tengo disciplina», «Me encantaría escribir, pero cometo faltas de ortografía y de puntuación…», «Me encantaría escribir, pero…».

Pero nada. Del mismo modo que todos podemos hablar, todos podemos expresarnos por escrito. Algunos somos conscientes de esta circunstancia y nos consideramos escritores, mientras que a otros eso les amedrenta. Para ellos, la expresión oral es una cosa, y la escrita, otra. Temerosos de plasmar sus pensamientos sobre el papel, se quedan paralizados. Existe una solución para esta situación: la práctica de las páginas matutinas.

Las páginas, tres hojas escritas a mano que en realidad no son escritura propiamente dicha, nos enseñan a hacer caso omiso al crítico interior, a esa voz que nos dice: «No sabes escribir como Dios manda».

Pues sí que sabemos, y adquirimos práctica con las páginas. Las páginas son confidenciales. Constituyen un lugar seguro para desahogarse, atreverse, soñar y, sí, escribir.

«Julia, me puse a escribir páginas matutinas y me convertí en novelista», me dijo un practicante. No me extraña. Las páginas abren una puerta interior y, al cruzarla, hacemos realidad nuestros sueños. Y muchos soñamos con ser escritores.

«Julia, siempre quise ser escritora, y ahora lo soy. Me puse a escribir páginas matutinas y me atreví a escribir un libro. Esta tarde he hecho la sesión de fotos para la portada».

«Julia, tengo setenta años y acabo de terminar mi primera obra de teatro».

A menudo recibo elogios de este tipo. Escribir las páginas matutinas libera al escritor que llevamos dentro. «Me gustaría dedicarme a la escritura, pero...» se convierte en «Creo que podría dedicarme a la escritura y...». Nuestra falsa idea preconcebida acerca de la escritura comienza a perder fuerza ante nuestra experiencia. La frase «Tal vez me dedique a la escritura» empieza a disipar nuestro escepticismo. Las páginas matutinas garantizan la valía de nuestra identidad emergente, dan fe de nuestro paso de otro oficio al de la escritura. Empezamos a tomar conciencia de que la escritura, el acto de escribir, es lo que nos convierte en escritores. Lejos de ser una minoría selecta de la cual somos excluidos, los escritores forman un colectivo generoso al que ahora pertenecemos. Los obstáculos que tan grandes se nos antojaban pierden magnitud. La mala ortografía da paso al corrector ortográfico. La puntuación remite a *Elementos de estilo*.

«A lo mejor me dedico a la escritura», decimos para nuestros adentros, al principio con vacilación y, luego, con creciente convicción. A medida que nuestras falsas ideas preconcebidas pierden fuerza, reconocemos nues-

«Empieza a escribir, no importa el qué. El agua no fluye hasta que no se abre el grifo».

LOUIS L'AMOUR

tra nueva identidad. El disfrute al ponerse a escribir supera el miedo. Sí, nos encanta escribir.

PROTEGER A NUESTRO ARTISTA INTERIOR

A lo largo de casi tres décadas hemos oído hablar tanto del «niño interior» que estamos hasta la coronilla. Según dicen, es necesario proteger al niño interior y, cuando sufra algún daño, dejar que sane. De modo que ahora voy a unirme al coro: protege a tu niño interior, o, lo que viene a ser lo mismo, a tu escritor interior.

Que no te quepa la menor duda: nuestro escritor interior es un alma joven, un joven tierno y vulnerable. Es fácil lastimar, hacer daño a esa parte creativa que llevamos dentro debido a un exceso de atención inadecuada. Vulnerable y abierto a opiniones, también se expone a las críticas. Si le lanzan un dardo a la ligera, puede clavársele en el corazón. Al escribir, tenemos dos entidades independientes y distintas: el escritor interior y el adulto interior. Es en este en quien recae la obligación de proteger y defender al primero. En la medida de lo posible, el yo adulto ha de crear un entorno seguro. Hay varias formas de conseguir esto. La primera es a través de las páginas matutinas, lo cual no es de extrañar.

Es el yo adulto quien asume el compromiso y se arma de voluntad para escribir las páginas matutinas. Dicho esto, las páginas constituyen un medio seguro para que el escritor que llevamos dentro se desahogue, sueñe, asuma desafíos. Dolido por críticas injustas, nuestro escritor se refugia en las páginas para expresar su pesar y aflicción. Al contar sus penas, se siente escuchado y atendido. El yo adulto entra en acción para consolar al escritor dolido. Escribimos una carta al editor argumentando en nuestra defensa, aunque no la enviemos.

Las páginas nos proporcionan una tabla de salvación. Por medio de las páginas, nuestro escritor se arma de resiliencia. Al margen de lo pernicioso que sea el daño que se nos inflija, las páginas nos dicen que sobreviviremos para escribir otro día; que no solo poseemos la suficiente fortaleza como para sobrevivir, sino para imponernos. Cuando ponemos por escrito nuestros agravios, les restamos importancia, los valoramos en su justa medida. En comparación con nuestro compromiso de escribir a diario, son una minucia.

Nuestro yo adulto elige para nuestro escritor gratas compañías con la suficiente generosidad como para aplaudir nuestro trabajo. El yo adulto selecciona a un grupo de espejos creyentes lo bastante numeroso como para acogernos y reflejar nuestra fortaleza y potencial. Es aquí donde el yo adulto ejercita los músculos del discernimiento. Aquí no hay cabida para personas envidiosas o mezquinas, enemigas de nuestro escritor; el yo adulto ve claramente lo dañinas que son. El yo adulto está alerta a los francotiradores, aquellas personas que no pueden evitar disparar al azar movidas por la envidia y el miedo. Digo «miedo» porque nuestro escritor puede parecer amenazante. Es posible que nos consideremos insignificantes y vulnerables y que, sin embargo, intimidemos a los demás. Es posible que nuestra franqueza, un magnífico regalo para el mundo, se considere una amenaza. Tal vez los francotiradores intenten bajarnos los humos, y es aquí donde el yo adulto se rebela.

Puede que nuestro yo adulto alegue en nuestra defensa: «Tienes derecho a opinar, a expresarte». Al sentirse amparado, nuestro yo escritor se crece.

«Tengo derechos», nos dice, y desarma al francotirador.

Puede que nuestro yo adulto nos aconseje: «Necesitas darte un capricho». Hacemos caso del consejo «Tratarte como un objeto precioso te hará más fuerte». Mimarte un poco, ideando experiencias lúdicas para el disfrute del escritor que llevas dentro, es un escudo defensivo más. Jugamos y experimentamos el juego de las ideas. Tu yo adulto atiende al joven que hay en tu interior. Las citas con el artista cultivan la fortaleza. Así pues, constatamos que nuestro yo adulto cuenta con multitud de estrategias para la salvaguarda de nuestro yo escritor. Alerta frente al enemigo, especialmente ante los abusones, el yo adulto se mantiene firme.

Llegados a un punto, nuestro yo escritor cree: «Soy lo bastante grande y fuerte para soportar las actitudes hostiles». Confiando en nuestro yo adulto, nuestro yo escritor florece.

UNA HABITACIÓN PROPIA

Según la valiosa opinión de Virginia Woolf, esa magnífica escritora, para dedicarse a la escritura hacía falta una habitación propia. Sin ánimo de rebatirlo, discrepo de ella. Al fin y al cabo, muchos aspirantes a escritores carecían de medios para disponer de una habitación propia. Así pues, entiendo que lo que Virginia quería decir era que los escritores necesitan privacidad. Ese argumento sí podría secundarlo.

Si los escritores necesitan privacidad, yo podría idear una manera de proporcionársela: las páginas matutinas. Estas páginas personales, privadas, exclusivamente para uno mismo, proporcionan a los escritores un lugar seguro donde desahogarse, donde soñar, donde atreverse. Lejos de miradas curiosas, se convierten en un lugar donde poder mostrar nuestra auténtica y verdadera esencia.

Mostrar nuestro verdadero yo es un requisito imprescindible para la buena escritura. Somos el origen de nuestro trabajo. Cuando mostramos nuestra auténtica esencia, somos originales, y el fruto de nuestro trabajo también lo es. Tenemos las ideas claras, y esa claridad surge de la privacidad.

«Una habitación propia» invita a la privacidad, del mismo modo que las páginas matutinas. Al ponernos a escribir nada más despertarnos, descubrimos nuestros pensamientos y sentimientos. Escribimos desde un lugar desprotegido, como si estuviéramos solos en nuestro territorio particular. En ese aislamiento, damos rienda suelta a nuestros pensamientos. Cavilamos con libertad acerca de todo lo habido y por haber. Nos inspiramos.

Nuestra inspiración es el fruto de nuestra soledad. Dotados de nuestros propios recursos, descubrimos un gran caudal de pensamientos. Nos dejamos llevar por corazonadas e ideas. Escudriñamos nuestra mente con curiosidad: ¿y ahora qué?

Las páginas matutinas abren una puerta interior. Nos conectan con un flujo de creatividad y percepción que de otro modo podríamos pasar por alto. Nos proporcionan perspectiva, como si hubiéramos cerrado una puerta que nos separa de otras preocupaciones. Tomamos distancia de las agendas de los demás. Emprendemos nuestro propio rumbo.

Puede que una habitación propia sea un lujo que no podemos permitirnos, mientras que un diario es algo que se halla al alcance de todo el mundo. A medida que

«Tal vez soy escritora porque no soy habladora».

GWENDOLYN BROOKS

las páginas aumentan, también lo hace nuestra autono-
mía. Y es ahí donde quería llegar Virginia Woolf.

Rincones para escribir

Estoy en mi biblioteca, una amplia habitación cuadra-
da con vistas a la montaña, sentada en una gran silla
de oficina forrada en piel, la que uso para escribir. La
forma cuadrangular de la habitación invita a pensar
con claridad y lógica. Para mí es un «rincón para escribir», un lugar en el que me siento a gusto escribiendo. En total hay cuatro rincones para escribir en mi
casa, cada uno con su propia singularidad. Voy migran-
do de habitación en habitación, adecuando mi estado
de ánimo al ambiente de cada rincón. El rincón de la
biblioteca es para prosa directa, lo que estoy escribiendo ahora. Cuando quiero centrarme en la claridad y en
el servicio, me dirijo a esta habitación y mi prosa se
desprende de artificios: digo lo que quiero decir y quiero decir lo que digo. Aquí lo que escribo es asequible,
fácil de entender. Por lo general, uso este rincón a partir del mediodía, cuando me encuentro espabilada y con
energía.

El segundo rincón para escribir es el sofá de mi
sala de ejercicio. Como no es cómodo, lo uso para realizar breves anotaciones. Me pongo a caminar en la
cinta, se me ocurre una idea, voy al sofá y la apunto.
A veces hago una pausa para realizar una llamada. Este
rincón es para escribir notas concisas. A diferencia de
la biblioteca, donde me encuentro cómoda, este rincón
es para garabatear notas, deprisa, antes de que el sofá
me cause dolor de espalda. Utilizo este rincón para
escribir lo que no puede esperar. No es lugar para pa-

sajes con divagaciones, no, eso es mejor dejarlo para espacios más acogedores, lo cual nos lleva al rincón número tres.

El sofá de dos plazas de mi sala de estar es cómodo. Mira a un ventanal cuadrado que enmarca mi pino piñonero y las montañas al fondo. Junto a este hay una lamparita de mesa con un cálido reflejo. Lo que escribo aquí es amable, expansivo y más imaginativo que el trabajo que realizo en la biblioteca. Aquí puedo pasar varias horas sentada tranquilamente. Me pongo a escribir a mano una página tras otra; cada pensamiento me conduce al siguiente. Mi cómodo rincón para escribir invita al confort. Aquí escribo casi sin esfuerzo. La ventana filtra la luz del día, luego el crepúsculo y por último la noche. Describo multitud de estados de ánimo, y todos son bienvenidos en mi rincón para escribir. Mi expresión es fluida, hilvano un pensamiento tras otro conforme va surgiendo una idea con otra en asociación libre. De todos mis rincones para escribir, este es mi favorito. El tiempo pasa volando. En este resulta muy agradable escribir. Necesito espabilarme para dirigirme al cuarto rincón para escribir.

Mi casa tiene forma de herradura gigante. El cuarto rincón para escribir se halla entre sus brazos: un espacio al aire libre donde habita la poesía. Este rincón consta de un par de sillas que miran a un patio y un jardín. Cuando me siento aquí, escribo informes de flora y fauna mientras descubro un gran conejo de cola de algodón mordisqueando entre la vegetación. ¿Y eso qué es? Una escurridiza lagartija cruzando el solado como una flecha. La inspiración llega, como dice M. C. Richards, «por la ventana de la irrelevancia». Veo un pájaro cantor que gorjea en el ciruelo. Con el rabillo del ojo, vislumbro los temas. Aquí lo que escribo versa sobre la naturaleza. El revoloteo de una mariposa me deja embelesada. Un colibrí viene de visita. Lo registro todo.

Cada uno de los cuatro rincones sirve para un propósito. Su variedad mantiene a raya el aburrimiento. Soy productiva y creativa moviéndome de un lugar a otro, de un rincón a otro. Lo que escribo adquiere multitud de formas, y cada escenario invita a la escritura. Me *encanta* escribir.

ENRAIZARSE

Hace un día gris y frío. El cielo está encapotado, y en el horizonte se ciernen nubes aún más grandes. Se avecina lluvia. Es un buen día para acurrucarse bajo techo. Estoy inquieta sin mi paseo diario, igual que la perrita. La casa está colmada de intenciones devotas. Me dispongo a poner por escrito mis oraciones. «Te ruego que me guíes», escribo y, a continuación, escucho.

Los maestros espirituales subrayan la importancia de estar «en el ahora». En el instante presente es posible experimentar una sensación de paz. Centrados en el momento que estamos viviendo, es posible escuchar la orientación espiritual. Hay pocas maneras de centrarse mejor que la escritura.

Un amigo mío neófito en las páginas matutinas me llamó por teléfono para decirme: «Julia, las páginas me aportan mucha claridad».

Mi amigo había probado otras formas de meditación, pero las desechó porque sentía la mente dispersa. Escritor de profesión, había iniciado las páginas matutinas a regañadientes. «Yo ya escribo», adujo. «Prueba, y punto», le insté. Así pues, mi amigo comenzó con las páginas en contra de su voluntad. Para su sorpresa, escribir las páginas matutinas facilitó su otro flujo de escritura «real».

«Las páginas establecen las prioridades de tu jornada —expliqué—. Te mantienen enraizado porque evitan que te dejes arrastrar por las agendas de otras personas».

Hace poco di una charla en una gran librería. El local estaba atestado de buscadores. Ante un público tan numeroso, no pude resistirme a señalar el valor de las páginas matutinas. Al término de la charla, un hombre me abordó.

«Quiero darle las gracias por un cuarto de siglo de páginas matutinas —dijo—. En todo este tiempo, solo he fallado un día: el día en que me intervinieron para realizarme un cuádruple baipás coronario».

Ante semejante testimonio, disfruté de la energía espiritual de ese hombre durante unos instantes. Se encontraba relajado y contento, aunque deseoso de compartir su experiencia. No cabía duda de que sentía que las páginas le habían sido de provecho.

«Yo solía escribir las páginas —me comentó otro asistente— y, al escucharla, siento que debería retomarlas. Supusieron un tremendo cambio en mi vida. Instado por ellas, comencé a escribir mis memorias. Las autopubliqué, y ahora las ha comprado una editorial. Me dicen que están interesados en un segundo libro, pero estoy atascado. ¿Cree que las páginas me serían de ayuda?».

«Sí. Las páginas siempre ayudan».

Natalie Goldberg, una budista zen, practica el *mindfulness*. Se pone a escribir y describe minuciosamente su entorno y estado de ánimo. Lo denomina «práctica de escritura» y advierte a los practicantes que no se dejen «amedrentar» por lo que descubran. Ella misma ha mantenido la constancia con determinación, describiendo con detalle sus turbulentas emociones durante la lucha que mantuvo un año contra la leucemia. Tras ganar finalmente la batalla al cáncer, expresa su alivio y júbilo. Escribir le ha servido para anclarse. Claro que sí. La escritura enraíza.

Hace poco conocí a una joven llamada Fiona. Vino a mi encuentro a toda prisa en una librería. «Solo quería darle las gracias —dijo—. Me puse a escribir páginas matutinas y me dieron el empujoncito para escribir un libro. Esta tarde he hecho una sesión de fotos para la portada del libro. Siento que, sin las páginas matutinas, jamás me habría atrevido a escribir un libro. Muchas gracias».

Las páginas matutinas, tal y como descubrió Fiona, nos enraízan. Enraizados se nos mueve —paso a paso— a asumir desafíos. Las páginas nos sirven de testigos y confidentes. Puede que los acontecimientos de nuestra vida no sean tan turbulentos y problemáticos como el cáncer de Natalie, pero todas las circunstancias de nuestra vida merecen ser procesadas, y eso es lo que las páginas hacen.

Al abrazar la práctica de ponernos a escribir, abrazamos nuestros muchos estados de ánimo. Aceptando nuestros estados de ánimo, intimamos con nuestra esencia y con nuestro poder superior. Experimentamos una conexión espiritual, y dicha conexión nos enraíza y aporta paz.

LA EXPANSIÓN

Una docena de esplendorosas rosas de color rosa adornan la mesa de centro de mi sala de estar. La fragancia que desprenden las hermosas flores, rebosantes de belleza, flota suavemente en el ambiente. Las rosas han aguantado cuatro días. Cada vez que paso junto a la mesa, agacho la cabeza para aspirar su aroma, dulce y con matices de polvo. Las rosas son afrodisiacas. Las huelo y, cautivada, me pongo a escribir y describo con alegría su embrujo. Sueño despierta con un jardín de rosas que se extiende a lo largo de kilómetros. Mi ramo abre una puerta interior a la inspiración.

Según los mitos en torno a la escritura, es necesario ir a París —o tal vez a Marruecos— a buscar inspiración, pero no es el caso. Es posible encontrar inspiración en la vida cotidiana. Mientras escribimos las páginas matutinas, conectamos con los muchos detalles —como las rosas— que sirven para inspirarnos y crecer. Escribiendo nuestras páginas a diario, nos da por interesarnos en el curso de nuestra propia existencia. Multitud de pequeños detalles llaman nuestra atención. No necesitamos grandes dramas ni vivir emociones fuertes en el extranjero. Un ramo de rosas, lirios o incluso margaritas puede encender la chispa de la inspiración.

Antes de ponernos a escribir las páginas tal vez digamos: «Julia, mi vida es aburrida», pero nuestras vidas, como enseguida comprobamos, no son aburridas. Por regla general, tan solo unas cuantas semanas después nos quedamos fascinados ante los progresos diarios que realizamos como artistas y, desde luego, como personas. Las páginas matutinas nos motivan a ser más creativos. Son un profundo ejercicio de toma de riesgos. Cada día realizamos un acto de osadía al asumir el riesgo de poner por escrito nuestros pensamientos. Las páginas, a su vez, nos motivan a ser más osados. Nos damos cuenta de que no estamos atrapados en vidas anodinas, sino que disponemos de multitud de peque-

«La inspiración llega trabajando todos los días».

Charles Baudelaire

ños «puntos de elección» en los que podemos optar entre crecer o empequeñecernos. El crecimiento está a la orden del día.

«¿Qué debería hacer ahora?», preguntamos en nuestras páginas, y puede que las respuestas a menudo nos sorprendan. Yo llevaba quince años escribiendo páginas cuando me revelaron: «Pronto escribirás canciones maravillosas». Al proceder de una familia con grandes dotes musicales, había crecido con la creencia de que era una negada para la música, de modo que hice caso omiso de la revelación y dije para mis adentros: «Seguro que si tuviera dotes musicales, a estas alturas lo sabría». Pero en respuesta a mi insistente pregunta de «¿Qué debería hacer ahora?», las páginas insistieron: «Escribirás canciones maravillosas».

De visita en casa de una amiga íntima en Boulder, Colorado, la puse al corriente de la revelación de las páginas y de mi profunda creencia de que carecía de talento musical. Tras escucharme con paciencia, me sugirió que me sentara a meditar junto a un arroyo de la montaña. Encontré un peñasco cerca del arroyo, me puse a escuchar el sonido del agua y de repente «oí letras y música». Eché a correr montaña arriba en busca de mi amiga y le dije: «¡Escucha esto! ¡Creo que es una canción!». En efecto, era una canción, una maravillosa canción. Las páginas me habían alentado a inspirarme.

Cuando viajo para dar mis talleres, oigo muchas historias similares. La gente comenta: «Julia, las páginas me instaron a escribir un libro, y aquí está», «Las páginas me alentaron a crear un programa radiofónico» o «Las páginas me urgieron a presentar mis obras a un concurso de arte». Al principio, los desafíos que las páginas nos apremian a asumir parecen inasumibles, demasiado ambiciosos, pero, ante su insistencia, de alguna manera pierden magnitud, los vemos más factibles. Página a página, paso a paso, nos expandimos. Los practicantes pasan de exclamar «¡Ay, yo no podría hacer eso!» a «Igual podría probar» y, finalmente, a «No me lo puedo creer: ¡Lo he hecho!».

Escribiendo las páginas matutinas, mi amigo Ed, lo mismo que Elizabeth Gilbert, descubrió su pasión por todo lo italiano. Al principio pensó: «Soy demasiado mayor para aprender un idioma», pero luego empezó a estudiar «italiano para principiantes». Al cabo de unos meses, se defendía en italiano a nivel de conversación. Aprendió a manejarse en un restaurante y a pedir indicaciones. En la tienda de bicicletas que frecuentaba, reparó en un anuncio de un circuito en bicicleta por Italia. Él, un apasionado ciclista, dejó a un lado sus reservas —de nuevo «Soy demasiado mayor»— y llamó por teléfono al número que aparecía en el anuncio. Se enteró de que había muchos participantes de su rango de edad. Así pues, vacilante y a la vez emocionado, se apuntó al circuito. Las páginas matutinas le aseguraron que el desafío que estaba asumiendo le resultaría muy gratificante. Salió de su zona de confort para lanzarse a la aventura. Su «aburrida» vida se volvió muy emocionante.

Sí, las páginas matutinas lo motivaron a expandir su vida. El caso de Ed no es el único ni mucho menos. Son muchos los alumnos que afirman que la práctica constante de las páginas matutinas constituye una fuente de expansión portátil y fiable. Primero, se atreven por escrito y, luego, en la vida.

Las páginas, como mis rosas, me retan a soñar.

LA ESCRITURA COMO CAMINO ESPIRITUAL

Aunque tendemos a concebir la escritura en términos laicos, en realidad es un camino espiritual. Es posible pedir orientación espiritual de una manera consciente con una sencilla plegaria: «Señor, ocúpate de la calidad y yo me encargaré de la cantidad». Cuando supe de esta oración, pensé que era descabellada. Me costaba creer que al espíritu del universo pudiera despertarle interés mi prosa. Pero al alejarme de la necesidad de mi ego de ser una escritora brillante, mi escritura adquirió mayor claridad. Ya no aspiraba a impresionar y a ser brillante, sino honesta. Llegué a pensar que «creador» era un sinónimo de «artista». Confié en el gran artista, en palabras de Dylan Thomas, «la fuerza que por el verde tallo impulsa la flor». Intenté imaginarme como una flor, floreciendo misteriosamente. Procuré ser obediente y humilde. Llegué a creer que la honestidad y la autenticidad podían captar la fe de mis lectores.

Escribir páginas matutinas es como enviar un telegrama al universo. Damos nuestras coordenadas exactas: aquí y cómo estoy. El universo, en respuesta, intercede por nosotros. Aunque tal vez no lo denominemos así, entonamos una oración. En las páginas de cada día se halla implícita la súplica «Te ruego que me ayudes», y el universo responde.

Al escribir las páginas, nos atrevemos a revelar nuestros sueños. El universo responde a esos sueños concediéndonos, si no lo que deseamos, sí lo que necesitamos. En el fondo, las páginas matutinas son una oración, una súplica. Pedimos al universo por nuestros sueños, deseos y necesidades, y el universo atiende a nuestras súplicas. Gran parte de nuestros anhelos encuentran respuesta en un ente bondadoso al que quizá dudemos en llamar Dios.

A pesar de nuestra posible renuencia a ponerle nombre, la espiritualidad entra en juego. Las páginas simbolizan nuestra disposición a hablar —y a escuchar— a Dios. Al escribir las páginas, abrimos de par en par una puerta interior. Con nuestra imaginación leemos una inscripción: «Este es el camino hacia una fe que funciona».

Las páginas matutinas también «funcionan». Al especificar los anhelos sobre el papel, comienzan a hacerse realidad. Como me dijo un practicante: «Soy judío y ateo, nada que ver con tu público objetivo, pero en mi caso las páginas funcionan».

¿Qué significa que «las páginas funcionan»? De lo que hablamos es nada menos que de un despertar espiritual. Nuestra actitud y visión de la vida cambian por completo. El mundo que antes nos resultaba inhóspito se vuelve bondadoso. Hacemos frente con desenvoltura a situaciones que solían desconcertarnos. Con el tiempo reconocemos que Dios está haciendo por nosotros lo que no éramos capaces de hacer por nosotros mismos.

¿Son anhelos vanos? No creo. Se están cumpliendo, a veces rápidamente, otras despacio. Siempre se hacen realidad cuando realizamos la tarea de escribir las páginas.

Poco importa si las concebimos como un medio para comunicarnos con algo bondadoso, o si consideramos que las páginas en sí son ese algo. Lo que importa es la práctica diaria: una forma de meditación además de una oración.

Las páginas matutinas son una calle de dos sentidos. «Enviamos» y luego «recibimos». Nos vienen ideas, pensamientos, presentimientos, corazonadas… Se nos guía y conduce con prudencia por el buen camino. Hace poco tuve noticias de un hombre que escribe páginas matutinas desde hace veinte años. Es ateo, y las páginas son su poder superior. Ha escrito trece guiones, lo cual me impulsó a decirle: «No crees en Dios, pero está claro que Dios cree en ti». El incremento de la productividad es uno de los frutos habituales de las páginas matutinas. A medida que trabajamos con ellas, nos volvemos más osados y asumimos desafíos instados por las páginas, pasamos de un proyecto a otro sin intervalos interminables. Cuando cuestionamos nuestras dudas, nos expandimos, crecemos y cultivamos la valentía. Las páginas nos proporcionan una red para mantenernos a salvo y los riesgos que antes nos parecían demasiado grandes pierden magnitud. Al fin y al cabo, las páginas amortiguan nuestra caída. Son nuestras aliadas. «Caemos» en su red como acróbatas circenses. La práctica de las páginas matutinas, junto con las citas con el artista, fomenta la sincronía: cada vez más, nos encontramos en el sitio adecuado y en el momento adecuado. Nuestra «suerte» mejora cuando contamos con ella. Las páginas matutinas propician un camino espiritual. Adquirimos seguridad en nosotros mismos conforme escribimos. Nos dirigimos al universo, y este responde.

«Escribir es rezar».

FRANZ KAFKA

Cuando empezamos a escribir en nuestras páginas matutinas acerca de dónde nos encontramos y cómo nos sentimos, en realidad estamos recitando una oración. Estamos enviando al universo un telegrama que dice: «Esta es exactamente mi ubicación y esto es exactamente lo que siento. ¿Puedes ayudarme?». Al señalar nuestra posición, estamos mandando una señal de SOS. Estamos describiendo cómo nos sentimos, lo cual es una invitación al universo para que interceda por nosotros. Más tarde, al escribir nuestros proyectos creativos a lo largo del día, se aplica la misma premisa.

Vivimos unos tiempos de laicismo, y a menudo no somos conscientes del poder de la palabra escrita como oración. Al ponernos a escribir, al prestar atención a la inspiración, pronunciamos la eterna oración del artista: «Te ruego que me ayudes». A veces no es tan importante lo que se escribe, sino el hecho de hacerlo. Nuestras palabras propician la autenticidad, del mismo modo que la autenticidad propicia nuestras palabras. Cuando describimos nuestro estado de ánimo de una manera exhaustiva, se nos concede el don de la humildad, y el arte con mayúsculas nace de la humildad. Pongamos como ejemplo *La Gioconda*: la representación precisa de una sonrisa enigmática. Al escribir con esmero, también ponemos de manifiesto el enigma de la condición humana. El arte con mayúsculas nace de la oración «Te ruego que me ayudes a describir lo que veo y oigo».

A mis amigos ateos les asombra, incluso les ofende, mi uso de la oración en la escritura. «Las oraciones funcionan, y, como escritora de profesión, recurro a cualquier cosa que funcione», les digo. «Pero, ¡Julia! —exclaman—. ¿Eso no es hacer trampa?». Hacen que la escritura parezca un truco de circo que debe dominarse.

En otros tiempos, explico, todo el mundo rezaba. Normalmente la inspiración artística se atribuía a un poder superior. En la era moderna somos reacios a contar con Dios entre nuestros aliados, y, sin embargo, esa es la experiencia de los artistas a lo largo de los tiempos. Como Brahms señaló: «De inmediato, las ideas fluyen a través de mí, directamente de Dios». Y en palabras de William Blake: «No soy yo, sino el Espíritu Santo, quien realiza la obra».

Artistas de todos los tiempos han manifestado el origen divino de «sus» ideas. Los compositores en particular hablan de la «musa» en la música. Sea como sea, todos los artistas experimentan la chispa divina. Cuando escribimos con humildad, abrazamos un flujo de ideas que normalmente nos son ajenas. Al escuchar el hilo de inspiración que conduce de una idea a otra, a menudo experimentamos un sentimiento de asombro. Es como si estuviéramos encajando las piezas de un puzle celestial y, a medida que plasmamos cada pensamiento sobre el papel, comenzamos a distinguir la forma de lo que desea ser creado. Experimentar dicha inspiración es básicamente una experiencia divina. Las ideas divinas calan en los pensamientos. Nosotros las anotamos, pero ellas nos elevan.

Al escribir un poema, a menudo me quedo maravillada cuando surge el último verso. Parte de mi pluma más exquisita es como una especie de broma celestial. Me da por pensar: «¡Ah! ¡Eso es lo que tramaban!». El sujeto implícito es lo que denomino «fuerzas superiores». Cuando escribo, encuentro que me guían.

Antaño, los artistas acostumbraban a invocar la inspiración divina y le atribuían la realización de sus obras. En la era moderna no hablamos tan abiertamente de lo divino, y, sin embargo, su inspiración continúa siendo una realidad si abrimos el corazón. Cuando pedimos al universo que nos guíe, este nos guía con prudencia por el buen camino. Muchos artistas, en un momento de franqueza, comentan la sorpresa que experimentan con sus obras de arte. Según la magnífica pintora paisajista Jamie Kirkland: «Mis cuadros nunca salen como los imagino en mi cabeza, sino que me sorprenden».

✎ TAREAS

1. Páginas matutinas: pon la alarma para despertarte media hora antes cada mañana y escribe, a mano, tres páginas tamaño carta acerca de todo cuanto se te pase por la cabeza. Yo siempre digo que no me interpondría entre alguien y su café matutino, pero procura ponerte a escribir lo antes posible, no te pases tres cuartos de hora preparando el café perfecto. Cuanto antes te pongas manos a la obra, mejores resultados te darán las páginas. Evita el teléfono, el ordenador y el correo electrónico hasta que las termines. Te servirán a modo de brazos de limpiaparabrisas, para limpiar lo que se interponga entre tú y tu jornada.

2. Cita con el artista: una vez por semana reserva aproximadamente dos horas para que tu artista interior salga de aventura en solitario. No tiene por qué ser algo caro; la idea es pasar un tiempo a solas con tu yo artista para hacer algo lúdico y fuera de lo común. Esta es una herramienta de expansión. Usándola en combinación con las páginas matutinas, propiciará una racha de gratas coincidencias y buena suerte, a lo cual me gusta llamar sincronía. Aunque parezca que la cita con el artista requiere tiempo, a cambio proporciona energía e inspiración. Promete esta cita a tu artista interior y cumple tu palabra.

3. Paseos: dos veces a la semana, o más a menudo si te apetece, sal a dar un paseo de veinte minutos en solitario, sin teléfono, sin perro, sin amigos. Puede que desees emprender la caminata con una pregunta; lo más probable es que regreses con una respuesta. Los paseos te ayudarán a asimilar este proceso, además de proporcionarte inspiración y claridad en tu escritura.

4. Cuota diaria: fija una cantidad reducida y asumible de texto para tu proyecto. (Para guiones suelo recomendar tres páginas al día; para prosa, dos). Determina una cantidad lo suficientemente reducida para cumplir el objetivo con holgura todos los días. Además de escribir tus páginas matutinas, alcanzarás la cuota diaria de tu proyecto de escritura cada día.

5. Rincones para escribir: elige unos cuantos lugares de tu casa o de tu barrio donde puedas escribir. Puede tratarse de una silla o un rincón de una mesa que sea de tu predilección, tu despacho en casa o una cafetería cercana. Lo importante es que te encuentres a gusto en estos lugares y que te inviten a escribir.

Registro

1. ¿Cuántos días has hecho tus páginas matutinas esta semana? ¿Has sido capaz de ponerte con ellas enseguida y escribirlas sin interrupciones o distracciones?

2. ¿Has organizado tu cita con el artista? ¿En qué consistió? ¿Qué tal fue? ¿Sentiste sincronía, optimismo, la sensación de un poder superior benévolo o las tres cosas?

3. ¿Has dado tus paseos? ¿Has sido capaz de caminar a solas y sin distracciones? ¿Has probado a plantearte una pregunta al salir para ver si regresas a casa con una respuesta?

4. ¿Has alcanzado tu cuota diaria? ¿Cuántas páginas llevas de tu proyecto? ¿Te hace ilusión comprobar que la cantidad de páginas va aumentando?

Comienza por dónde estás

Esta semana implantarás hábitos y métodos que te permitirán mantener un ritmo constante en tu proyecto. El objetivo de los ensayos de esta semana es ayudar a crear rutinas que permitan que el cómputo de páginas aumente de manera rápida y cómoda. Abordaremos los escollos más habituales —y las formas de evitarlos— al abrazar la escritura en tu día a día como una parte manejable y agradable de tu vida.

Comienza por dónde estás

«Ojalá pudiera empezar», me dicen a menudo aspirantes a escritores que son incapaces de arrancar. «Sé que, si pudiera comenzar, se me daría bien. Pero parece ser que no encuentro la forma de arrancar».

Empieza por el principio, les digo a dichos escritores, pero a menudo replican: «No sé cuál es el principio». Así pues, les sugiero que primero describan dónde están.

«Pero eso parece muy aburrido».

«El lugar donde estás no es aburrido», replico. Es el comienzo de algo grandioso. Pongamos por caso que estás sentado a tu mesa, mirando por la ventana. «Estoy

«Escribo para saber de lo que estoy hablando».

Edward Albee

sentado a mi mesa mirando por la ventana» podría ser el comienzo perfecto de un texto. Este primer pensamiento conduce al siguiente. Pensamiento tras pensamiento, frase a frase, la página se rellena.

Estoy sentada en mi comedor, donde hay una lámpara de araña. Cuando oscurece, enciendo la luz. Al asomarme a la ventana, veo la gran luna inclinada que se eleva sobre las montañas. Mañana habrá luna llena, pero esta noche es suficiente con la luz fosforescente que emite. Cuando Lily se aventura a salir, su pelo brilla en la oscuridad.

Es un alivio estar escribiendo. Cada palabra mitiga una pequeña gota de ansiedad. Qué bien sienta ponerse a escribir. Me da por escribir hasta bien entrada la noche. Detalle a detalle, mi vida adquiere forma sobre el papel. El acto de escribir me reconforta el alma. Abrigo la esperanza de transmitir mi regocijo. Escribir pone en orden mi mundo. Las palabras son medicinales: cada una es un bálsamo que intensifica mi sensación de bienestar. Me *encanta* escribir.

TENDER VÍAS

Es una noche tranquila, ideal para escribir. Mi teléfono no ha sonado ni yo he hecho ninguna llamada. El ensayo que tengo en mente es importante, describe un «truco» fundamental para la escritura. Lo abordo con especial cuidado, con el deseo de que resulte convincente. Así pues, allá vamos. Ojalá hubiera una forma más elegante de decirlo, pero no la hay. De lo que estoy hablando es de tender vías. ¿Qué significa «tender vías»? Significa ir del punto A al punto B sin preocuparse de haber elegido la mejor ruta. La expresión se remonta

a los tiempos en los que se tendían vías férreas de costa a costa, lo cual requería realizar un cierto número de
kilómetros a diario. Cada día era necesario cubrir una
determinada cantidad de vías —una cierta distancia—.
Por tanto, los operarios colocaban traviesas y raíles hasta alcanzar su cuota diaria.

Esto nos puede servir de ejemplo a los escritores.
Queremos llegar de A a B, después a C y así sucesivamente hasta el final del alfabeto, por medio de pequeñas
cantidades: nuestra cuota diaria.

Al tender vías, estamos creando un primer borrador
que se puede pulir después. Los borradores en bruto
son exactamente eso: manuscritos en bruto. Nuestro yo
perfeccionista se muestra reacio a asumir este hecho,
pero no pasa nada. Más adelante, cuando repasemos la
distancia recorrida, podremos corregir los errores.

Al revisar nuestra ruta, con frecuencia comprobamos que nos ha faltado poco para hacer un borrador
perfecto, que no es necesario realizar demasiadas mejoras. Da la impresión de que el trabajo posee inteligencia propia. Pongamos por caso que estamos escribiendo una novela de misterio. Vamos creando escenas
una a una, y ponemos por escrito lo que se nos ocurre
sin necesidad de saber el porqué. En la página diecisie-
te de una novela de misterio que estaba escribiendo, sin
motivo aparente, apareció una pistola encima de la mesa.
El texto dijo: «Pon una pistola encima de la mesa», de
modo que lo hice. No sé por qué, pero supe que debía
obedecer. En la página noventa y siete, esa pistola fue
usada en defensa propia. He aprendido que lo único
que hace falta es valentía para poner por escrito lo que
«oímos».

Ahora, digamos que estamos escribiendo una historia de amor. En la página trece, los enamorados se

conocen. En la página sesenta y siete, los enamorados se besan; en las intermedias se va describiendo, poco a poco, la atracción que sienten. Sea un guion o una novela hay que confiar en la inteligencia innata de la obra que se tiene entre manos. La obra posee una forma, que nos dirá si estamos abiertos a ella, y prestar atención al rumbo que pretende tomar nos proporciona una gran originalidad. Tendemos las vías tal y como «se nos dice». Al no cuestionar nuestras ideas, descubrimos que escribimos con libertad y autenticidad.

Cuando superé mi adicción al alcohol a los veintinueve años, ya era una escritora consumada. Sin embargo, me atormentaba lo que percibía como las exigencias de mi oficio. Escribía y reescribía; ponía empeño en estar a la altura de las exigencias de mi ego para que cada frase fuera inmejorable. Imagina mi shock y mi renuencia cuando, recién superada mi adicción, algo me dijo que permitiera a mi poder superior escribir a través de mí.

«¿Y si no quiere?», objeté enseguida.

«Prueba, y punto», se me aconsejó.

Así pues, accedí. («Vale, Señor, ocúpate de la calidad, y yo me encargaré de la cantidad»). Me impuse a los impedimentos de mi ego y comencé a escribir con libertad. Escena a escena, fui narrando lo que deseaba. A mi ego no le agradó, pero a mi alma sí. Hice caso a mis corazonadas. Mi escritura mejoró. Sin empeñarme en hacer alarde de inteligencia, mi escritura se volvió menos rebuscada. Sin intentar ser brillante, comprobé que comunicaba con mayor claridad. Hubo quienes elogiaron la claridad de mis textos. Al terminar un borrador preliminar, descubrí que tenía muy poco de «preliminar». Lo de tender vías funcionó. El proceso de escritura tenía una mente propia y, además, inteligente. Lo único que he de hacer es ser obediente y escribir mi cuota diaria, nada más.

A la hora de tender vías, el truco consiste en continuar avanzando poco a poco. La cuota de cada día se suma a la del anterior. Por tanto, escribimos el primer borrador de un tirón sin revisarlo. A lo largo de mis muchos años en el oficio he aprendido que la escritura posee sabiduría en sí misma. Si me limito a apuntar mis ideas tal y como me vienen a la cabeza, las propias ideas tendrán una forma. Tendiendo vías día a día, en vez de crearla, la descubro.

«Pero Julia —dicen a veces mis alumnos—, haces que parezca muy fácil». «Es que tender vías *es* fácil», les replico. El ego odia este hecho. Digo a mis alumnos que lo único que hace falta para ceder el control y poner por escrito lo que se «oye» es humildad. Igual que se me prometió en mi caso hace tantos años, el poder superior escribirá a través de ti. Tú escribe sin reescribir.

> «Adelante, arriésgate. Puede salir mal, pero es la única manera de conseguir algo bueno».
>
> WILLIAM FAULKNER

LOS PRIMEROS PENSAMIENTOS

Esta noche hay luna llena, pero las gruesas nubes oscurecen el disco argénteo. Lily, tal vez sintiendo la luna llena, pero sin verla, está inquieta. Me pongo a escribir que añoro la luna. Ya llevo diez años viviendo en Santa Fe, y he llegado a adorar la gran luna brillante que ilumina las montañas.

El patio de juegos de Lily alberga juníperos y pinos piñoneros. Normalmente, la luz de la luna les imprime una tonalidad plateada. Esta noche, en el patio de juegos abundan las sombras. Lily no se atreve a salir; en vez de eso, se encarama al brazo de mi silla para escribir. Tiene ganas de jugar a «atrapar el bolígrafo».

Este libro trata sobre la escritura, y por tanto debe dar ejemplo de sus enseñanzas. Así pues, comienzo con la tenue luz de la luna. Cuando nos sentamos a escribir, en demasiadas ocasiones descartamos la idea inicial. Nos devanamos los sesos en busca de algo mejor. Sin embargo, mi larga experiencia me ha demostrado que la primera idea suele ser la mejor. Se supone que, al fin y al cabo, escribir no ha de ser una tortura; conviene planteárselo como una labor agradable. Lo primero es lo primero: una exposición convincente de ideas en vez de un revoltijo de pensamientos. De este modo, comenzamos por el principio: el primer pensamiento conduce al segundo; el segundo, al tercero, y así sucesivamente.

Aquí es beneficioso recibir directrices. Cuando escribimos las páginas matutinas, apuntamos ideas. No nos esforzamos en «fraguarlas»; «oímos» una idea y la ponemos por escrito. Este «dictado» no requiere esfuerzo. A fin de cuentas, las páginas son privadas. Por tanto, no es necesario aguzar el ingenio u ordenar mejor las ideas. Expresamos todo lo que se nos antoja. Cuando lo que escribes se libera de la necesidad de perfección, a menudo resulta asombroso cómo roza la perfección.

Cuando escribí mi libro *El camino del artista*, fui creando un ensayo tras otro a partir de unos primeros pensamientos que allanaron el terreno a otros, y así sucesivamente. Podría decirse que *El camino del artista* es una obra que se articula en primeros pensamientos de principio a fin. Estos allanaron el terreno.

El acto de escribir fomenta la autoestima. Yo fijo una cantidad asumible y me marco ese objetivo. Dos páginas al día de texto es la cifra que puedo lograr cómodamente en el caso de un libro de no ficción. Se requiere un ritmo constante y uniforme.

«Hay algo delicioso en escribir las primeras palabras de un cuento. Nunca se sabe a dónde te llevarán».

BEATRIX POTTER

«Julia, eres muy productiva», me dicen a veces. Al oír este cumplido, lo interpreto como «¿Cómo lo haces?». Pues haciéndolo. Con independencia de mi estado de ánimo, simplemente me pongo a trabajar.

«Julia, has escrito mucho», me dicen a veces. Al oír este cumplido, lo interpreto como «Para ti debe de ser fácil». Escribir no me resulta fácil, pero practico.

De lo que estamos hablando aquí es de la fe. Se requiere un acto de fe para confiar en los primeros pensamientos. Nos sentamos a escribir y nos preguntamos: «¿Por dónde empiezo?». La pregunta genera una respuesta. Tal vez la respuesta nos parezca descabellada, pero la experiencia me ha demostrado que es acertada.

Hace poco me puse a escribir una obra de teatro. «¿Por dónde empiezo?», me pregunté, y «oí» la respuesta: «Empieza por los pájaros cantores». Me pareció confusa, demasiado tibia para mis contundentes personajes. No obstante, curtida por muchos años de experiencia, obedecí. La frase de apertura de la obra fue: «Escucha. ¿A que son una delicia?». Mi héroe tenía una debilidad, su pasión por la musicalidad de los pájaros. Al confiar en mi primer pensamiento, encontré a mi personaje más humano. Mi primer pensamiento fue un correctivo necesario para el plan de mi intelecto. Al confiar en mi primer pensamiento, se me proporcionó un héroe sensible, nada que ver con la persona mordaz en silla de ruedas que yo había imaginado.

«Esperaba resentimiento, amargura y odio —señaló un lector—, pero en vez de eso encontré valentía».

Escribiendo, enseñando, he aprendido a confiar en mi instinto. La sabiduría que entrañan los primeros pensamientos a menudo se pone de manifiesto después. En mi obra, los pájaros cantores crean un complejo imaginario. «Escucha. ¿A que son una delicia?» abrió una puerta interior.

Qué escribir

Hace un día apacible: cielo de un azul pálido, nubes blancas dispersas. Estoy en el rincón para escribir número tres contemplando las montañas por el ventanal. He estado escribiendo a un ritmo lento pero constante. He hecho una pausa, he jugueteado con mi pequeño piano y he compuesto una canción. El descanso me ha sentado bien, y ahora estoy lista para retomar la escritura. Pero ¿sobre qué escribo? He escrito mis páginas matutinas; recurro a ellas en busca de inspiración y me doy cuenta de que saltan de un tema a otro. Busco uno más recurrente que los demás, y doy con él. Escribiré acerca de eso. Este tema tiene más «jugo» que el resto. Al examinar las páginas matutinas, siento su voltaje. Activan un resorte que dice: «Ahora, a escribir».

Como me encanta escribir, me pongo manos a la obra con ganas. El proceso de la escritura explora mi mente; al ponerme a escribir, descubro lo que pienso. Escribir aporta claridad, y la claridad, satisfacción. Me encanta el proceso de aprendizaje acerca de mi propia mente.

Tema a tema, movida por la curiosidad, pongo por escrito mis pensamientos. Si no surge ninguno, me ato los cordones de los zapatos y salgo a dar un paseo. Caminando, se me ocurren temas. Reflexiono sobre ellos con cada pisada. Cuando llego a casa, me pongo a escribir. Es raro que ningún asunto capte mi atención.

En las ocasiones en las que no surge ningún tema, trato por todos los medios de no entrar en pánico delante de la página en blanco. Me planteo que simplemente ha llegado el momento de organizar una cita con el artista, de reabastecer mi pozo interior. Procuro decantarme por algo apetecible. Tengo ganas de sentirme cautivada, incluso embelesada. Mi cita favorita con el artista es ir a la tienda de animales donde se halla George, un conejito, al que me dan permiso para hacer arrumacos, y, para su deleite y el mío, lo hago. Al regresar a casa, me encuentro lista para escribir. Elijo entre el repertorio de temas, como quien escoge una flor de un ramo. Escribir fomenta la escritura. Un tema conduce al siguiente. Lo que escribo es importante, pero el hecho de escribir lo es más.

HORARIOS PARA ESCRIBIR

Yo comienzo la jornada escribiendo las páginas matutinas. Cojo bolígrafo y papel y registro mi estado de ánimo y el tiempo, los cuales a menudo van de la mano. Esta mañana, por ejemplo, me he despertado sobresaltada. Todavía estaba oscuro y las nubes de tormenta se desplegaban desde las montañas. Me sentía ansiosa, pendiente del tiempo. Las páginas matutinas, una tarea autoimpuesta, la primera en mi rutina diaria, se me han hecho cuesta arriba. He descrito mi ansiedad, mi ánimo sombrío en consonancia con el día. Mañana tal vez haga un día soleado, que alegre mi estado de ánimo y lo que pongo por escrito. Las páginas diarias constituyen una crónica de mi vida. Transmito mis ruegos sobre el papel, expreso por escrito mis intenciones. Pido orientación, y registro lo que se me dice. Una vez escritas las páginas, llega la hora del desayuno —gachas de avena, casi todas las mañanas—, una comida que me da fuerzas para la jornada. Escribir requiere energía. Cuando me enfrasco en un proyecto, es lo siguiente, la segunda tarea en mi rutina diaria. Acurrucada en el sofá de dos plazas de la sala de estar, apoyo la punta del bolígrafo sobre el papel. Pasaré una hora, tal vez dos, escribiendo. En los raros días en los que no escribo, me pongo de mal humor —me siento inquieta, irritable y enfurruñada—, todo ello síntoma de mi necesidad de escribir. Mi rutina de escribir no se rige por horarios, sino más bien por mi estado de ánimo.

En días soleados escribo temprano; en días nublados lo dejo para más tarde y pruebo suerte con un poema antes de ponerme con mi proyecto. En este libro estoy realizando un promedio de tres páginas al día, lo equivalente a un breve ensayo. Hay días en los que me apetece continuar trabajando, y entonces realizo una tercera tarea en mi rutina de escribir, pero más tarde. Primero camino un kilómetro y medio más o menos; después echo una cabezada. Al despertarme a primera hora de la tarde, le he dado un respiro a mi yo escritor. Me dirijo a la biblioteca, me acurruco en mi silla de oficina y me pregunto: «¿Y ahora qué?». Ese «qué» que surge es otro ensayo. Escribo deprisa sabiendo que, al otro lado de la ciudad, mi amiga Natalie Goldberg también está escribiendo. Escribe durante todo el día, igual que yo, y el gusanillo de la escritura marca sus horarios.

Ha anochecido. Mi amigo el novelista John Nichols se dispone a comenzar su «jornada» de escritura. Él empieza a escribir cada día al anochecer, a menudo hasta altas horas de la madrugada. Más disciplinado que yo, programa su labor a una hora fija. A la hora

«No olvides mencionar el clima en tu maldito libro: el clima es muy importante».

Ernest Hemingway

COMIENZA POR DÓNDE ESTÁS 63

de cenar ya está sentado a su mesa de despacho. Las tardes que yo dedico a escribir, él las pasa subiendo a un pequeño monte. Caminar es su estímulo y lo prepara para crear.

El poeta, actor y escritor Nick Kapustinsky se pone con las páginas matutinas nada más despertarse. Pero luego se impone la jornada laboral y no le queda tiempo para escribir, de modo que, a medida que transcurre el día, escribe notas en su teléfono. «Esto ha sido interesante…», «Esto ha sido duro…». Por la noche dedica un tiempo a la escritura, unas horas en las que revisa las anotaciones de la jornada en busca de algo acerca de lo que escribir. Le gusta, igual que a Nichols, el montañismo. Cuando consigue hacer un hueco para una caminata en su ajetreada jornada, lleva encima un cuaderno. «Nunca se sabe cuándo llegará la inspiración», señala. Y, cuaderno en mano, está preparado. Sus caminatas son arduas, y sus poemas poseen la misma potencia, energía y vigor. Escribe a diario todas las noches, con sus vivencias frescas.

Emma Lively, otra practicante de las páginas matutinas, afirma que estas le proporcionan la posibilidad de escribir a cualquier hora, en cualquier lugar. Compositora y letrista, alterna la composición musical con la prosa. Ha sido editora de cuatro de mis libros, y hace malabarismos para adaptar sus horarios a los míos. «A cualquier hora, en cualquier lugar» le proporciona bastante rodaje diario.

Como ilustran los casos de estos escritores, fijar los horarios para escribir es cuestión de adaptarlos a nuestras preferencias. La clave es la constancia, con independencia de que la determine el estado de ánimo o el reloj. El oficio de escribir es flexible, pero se cultiva con la rutina. Tanto Natalie como John, Nick y Emma establecen sus respectivos horarios. Les encanta escribir, igual que a mí, y por tanto escriben.

APROVECHAR EL TIEMPO

Ha anochecido. He quedado con unos amigos dentro de media hora, y esto podría servirme de pretexto para aducir que no me da tiempo a escribir. Sin embargo, he aprendido que escribir requiere una cantidad de tiempo mínima, de modo que aquí estoy, con el bolígrafo y el papel, escribiendo acerca de un importante truco del oficio que pongo en práctica: aprovechar el tiempo.

«Lo único que necesito con el fin de escribir más es disponer de más tiempo. Ay, si tuviera un año libre, sería capaz de escribir una novela».

Cuántas veces he oído esta frase. Uno de los mitos más perjudiciales acerca de la escritura es que requiere grandes periodos de tiempo ininterrumpido. Llevo escribiendo desde los dieciocho años y nunca he contado con un gran periodo de tiempo, solo con pequeños ratos. Me di cuenta de que era posible escribir deprisa, de que lo único que hacía falta era «aprovechar» el tiempo del que disponía.

Mi yo escritor es fácil de sobornar. «Escribe solo durante veinte minutos, y te daré un premio», suelo decir. Esos veinte minutos, por supuesto, se convierten en cuarenta, pero, incluso ciñéndome a esos veinte, encuentro que soy capaz de tender una asombrosa cantidad de vías. El truco, cómo no, consiste es escribir sin reescribir. Cuando Mark Bryan y yo estábamos escribiendo *Money Drunk, Money Sober*, a menudo lo hacíamos en breves periodos de veinte minutos. Al leer el libro después, su lectura me resultó fluida, como si un

> «El mejor momento para crear la trama de un libro es mientras friegas los platos».
>
> AGATHA CHRISTIE

párrafo condujese a otro. A riesgo de parecer una fanática, quiero volver a insistir en que con la práctica de las páginas matutinas aprendemos a escribir deprisa, a hilvanar un tema con otro y un pensamiento con otro. Tanto Mark como yo éramos practicantes de las páginas matutinas y nuestra rutina nos resultó muy beneficiosa. Sacamos el máximo partido del tiempo en nuestras ajetreadas vidas y comprobamos que disponemos de «tiempo suficiente» para escribir un libro entero. Pero hay que ejercitar la práctica de aprovechar el tiempo para creer en ello.

Regina, guionista, fue víctima del «engaño del tiempo». Llevaba cuarenta páginas de un guion y le quedaban ochenta, pero no lograba sacar tiempo para escribir.

—Lánzate a por ello —le dije—. Escribe lo que se te pase por la cabeza y deja de cuestionarte. Plantéate que estás escribiendo páginas matutinas. Tus primeros pensamientos a menudo son los mejores —expliqué—. Simplemente trata de confiar en ellos.

Regina repuso:

—Mi vida ya está saturada. Escribir se me antoja una tarea más. Tú haces que parezca posible. Yo no tengo tiempo para escribir.

—Claro que tienes tiempo. Es posible —le aseguré—. Nos gusta hacerlo más difícil, y creemos que necesitamos una gran cantidad de tiempo. Y creer que necesitamos una gran cantidad de tiempo constituye uno de los principales bloqueos de los escritores. Tú eres adicta a la procrastinación —le dije a Regina—. Cuando procrastinas, cuando le das mil vueltas a la cabeza, necesitas mucho tiempo para escribir. Cualquiera puede sacar veinte minutos —añadí para convencerla—. Simplemente intenta escribir lo primero que te venga a la cabeza.

Regina cedió.

—De acuerdo. Lo intentaré.

Y ya lo creo que lo intentó.

«No puedo creer la cantidad de tiempo que perdía», exclamó Regina apenas un mes después. Se había «enganchado» a la idea de aprovechar el tiempo. «No es que no tuviera tiempo, sino que estaba atascada. Pero ahora, en periodos de veinte minutos, me cunde mucho, ¡y me siento muy satisfecha del resultado!», explicó.

Aprovechar el tiempo, como aprendió Regina, constituye una herramienta para erradicar el perfeccionismo. Cuando escribimos deprisa, lo hacemos con libertad, y, al escribir con libertad, tendemos vías.

Carl, un abogado de gran éxito, soñaba con escribir.

—Es que no tengo tiempo —rezongó—. Estoy hasta arriba de trabajo.

—Claro que tienes tiempo —repuse y, como en el caso de Regina, le insté a intentar sacar veinte minutos.

—Me parece que con eso no bastaría para lograr algo que valga la pena. —El tono abatido de Carl reflejaba su desesperado anhelo de escribir.

—¿Se te ocurre alguna forma de averiguarlo? —le planteé. Le pedí que experimentara y que registrara los resultados.

—Tal vez pueda sacar veinte minutos en mi hora para almorzar —comentó Carl.

—Sí —dije—. O en el tren de cercanías de regreso a tu casa. —Le hablé del novelista Scott Turow, que aprovechó los trayectos en el tren de cercanías para escribir un superventas.

El truco es tan sencillo como lanzarse a la piscina, confiar en que el flujo de ideas creativas siempre bulle bajo la superficie de la vida cotidiana. Carl descubrió que, cuando solo conseguía sacar veinte minutos a diario, lograba escribir el doble: a mediodía y en el trayecto de vuelta a casa.

«Odio decir esto, pero estoy recuperando el tiempo perdido por los años que no he escrito, y mi mujer dice que ha mejorado mi carácter».

En realidad, no es de extrañar que Carl esté más alegre. Un escritor que escribe siempre está más alegre que uno bloqueado. Ahora, tanto Regina como Carl abogan por el truco de «aprovechar el tiempo».

«He escrito setenta páginas en intervalos de veinte minutos —comenta Regina— y he aprendido que, para ser productivo, lo único que hay que hacer es dejar a un lado el escepticismo y aprovechar el tiempo».

LA QUIROPRÁCTICA ESPIRITUAL

Las páginas matutinas establecen las prioridades de la jornada. «Lo primero es lo primero», enseñan. A lo largo del día, «saltando» de una cosa a otra, encontramos que hacemos «lo que toca a continuación». No hay excusas pobres ni procrastinación, pues pasamos con naturalidad de una cosa a otra. En vez de discutir, damos el siguiente salto tal y como se nos presenta. Somos como participantes en una carrera de obstáculos saltando un obstáculo tras otro, una valla tras otra.

Aunque escribir las páginas requiere tiempo, estas nos lo ahorran a lo largo del día. Ya no hacemos «pausas mentales de cigarrillo» mientras nos planteamos qué hacer después. Ahora sabemos qué viene a continuación: lo que toca. Con ayuda de las páginas distinguimos lo prioritario de lo secundario. Lo fútil pasa a un segundo plano cuando nos centrarnos en lo que de verdad importa. No desperdiciamos el tiempo con cosas intranscendentes, no. Gracias a las páginas, dilucidamos nuestras prioridades.

A menudo he dicho que las páginas matutinas constituyen una «superación definitiva de la codependencia». Con ello quiero decir que volcamos nuestra energía en nosotros mismos. Dejamos de adaptarnos a las agendas de los demás y nos dedicamos a las nuestras. Dejamos de desperdiciar nuestra creatividad complaciendo a los demás y anteponemos nuestras necesidades y deseos a los suyos. Con frecuencia nos asombra la cantidad de energía que eso nos proporciona, una energía con la que podemos hacer lo que nos plazca. Para muchos de nosotros, se trata de una nueva experiencia. Estamos tan acostumbrados a ayudar a los demás que puede que nos asuste, incluso que nos resulte arriesgado, ayudarnos a nosotros mismos.

Las páginas matutinas nos enseñan que importamos. Realizan una quiropráctica espiritual que nos alinea con nuestros sueños, esperanzas y objetivos. Página a página, ponemos rumbo a nuestro «verdadero norte» mientras nuestros anhelos genuinos nos incitan a actuar en beneficio propio. Descubrimos que en un día nos enfrentamos a multitud de «puntos de elección» en los que podemos optar por actuar en interés propio. Las páginas matutinas fomentan un egoísmo sano. Para muchos, se trata de un cambio radical de comportamiento.

«¿Qué quiero?» o «¿Cuáles son mis objetivos?» son preguntas que aprendemos a plantearnos. Cuando nos damos cuenta de que estamos desviándonos de nuestras aspiraciones, aprendemos a parar y corregir el rumbo. Poco a poco aprendemos a disparar la «flecha del deseo». Apuntamos a lo que realmente deseamos y sentimos una tremenda satisfacción cuando alcanzamos el blanco. Y, de nuevo, el siguiente paso se distingue cada vez mejor. Apuntamos con el corazón y acertamos de pleno.

EL PERFECCIONISMO

Cuando doy clases, formulo una pregunta sencilla: «¿Cuántos de vosotros consideráis que tenéis afán de perfeccionismo?». Manos en alto: casi todo el mundo tiene afán de perfeccionismo.

Los primeros borradores deberían ser en bruto, pero rara vez nos permitimos escribir así. Por el contrario, aspiramos a la perfección, pretendemos que sean prolijos. Es una lástima, pues el perfeccionismo es el enemigo del arte: ahoga el impulso creativo. En vez de darnos libertad, nos exigimos un nivel asfixiante que no deja margen de error. Al buscar la palabra exacta, escribir se hace arduo. Nos sentimos coartados por nuestras rígidas exigencias. Pongamos por caso este momento: las cumbres se tiñen de rosa al atardecer. En vez de escribir este simple hecho, nos empeñamos en describir las cumbres a la perfección. La luz del atardecer ilumina las cumbres. Pero ¿es «luz» la palabra que queremos? Quizá «reflejo» sería más apropiada. Quizá no. Y mantenemos esa dialéctica con nosotros mismos mientras el sol se pone y las cumbres se tiñen de negro. Sí, el perfeccionismo es el enemigo de la creatividad, el enemigo de la libertad y el enemigo de un día entero de trabajo.

A Pegi, una periodista, le dio por escribir —y reescribir— un encargo. A medida que se aproximaba la fecha de entrega, su ansiedad aumentó y su afán de perfeccionismo se exacerbó.

—Tengo que terminar —resolló Pegi—, pero estoy atascada.

Se encontraba agobiada debido a su perfeccionismo. Le sugerí que probara una herramienta de *El camino del artista*. En una lista del uno al cinco debía terminar rápidamente la frase: «Si tuviera que decirlo a la perfección, diría...». Así fue capaz de expresar con claridad lo que deseaba escribir.

—El truco está en pasar de tu yo crítico —le dije—. Y la velocidad ayuda.

Le expliqué que todos tenemos un crítico interior, una especie de matón de patio de recreo que subestimará nuestros esfuerzos, por lo general de una forma nada respetuosa. Ella se echó a reír con complicidad.

—Es una voz en mi cabeza que me dice: «Eres aburrida. Eres tonta». Y tienes razón. Me gustaría mandarla a tomar por saco.

—El sentido del humor viene bien —señalé.

Al disiparse su afán de perfeccionismo, soltó una carcajada.

—¡Mi yo crítico parece tonto! —exclamó—. Me dio por decirle: «Nadie es perfecto, así que déjame en paz».

Para sorpresa de Pegi, su yo crítico se acobardó.

—Mi yo crítico no es más que un matón —dijo—. Y todo el mundo sabe que, cuando le plantas cara a un matón, se acobarda.

Le dije a Pegi que su perfeccionismo había dejado de llevar la batuta.

—Tienes razón —convino—. Y desarmarlo ahora parece sencillo. Gracias por la herramienta.

Puede que el yo crítico nos reproche que tenemos ideas manidas, pero aprendemos a contestarle: «Gracias por tu opinión, pero creo que voy a seguir escribiendo, y punto».

«Si tienes dificultades con un libro, prueba el elemento sorpresa: atácalo a una hora en la que no se lo espere».

H. G. Wells

No cabe duda de que el yo crítico es como un matón de patio de recreo; en cuanto le plantamos cara, pierde poder, del mismo modo que un matón se acobarda cuando se le hace frente.

EL CRÍTICO INTERIOR

Hace un día soleado y luminoso. Estoy en mi sala de estar, con vistas a la montaña. Las nubes envuelven la cima. Pero ¿qué es esto? La voz de mi crítico interior interrumpe mi tarea.

«Otro parte meteorológico. Qué aburrido», comenta.

«Chitón», digo, y continúo escribiendo. Mi yo crítico, como he dicho en anteriores ocasiones, se llama Nigel. Yo me lo imagino como un gay británico decorador de interiores. Su sentido de la estética siempre supera con creces el mío.

«No escribas sobre el tiempo —rezonga Nigel—. Te advierto que a nadie le importa».

«Pero si es bonito», objeto.

«Pamplinas románticas», protesta Nigel.

Lo hago callar de nuevo, aunque reconozco que con él no hay nada que hacer.

Cuando escribí *El camino del artista*, Nigel me dijo que nadie tendría interés en leerlo. Hasta la fecha se han vendido más de cinco millones de ejemplares de ese libro, pero Nigel sigue empeñado en que su éxito es de chiripa. Cuando escribí mi segundo libro, *The Vein of Gold*, Nigel opinó que era aburrido. En cualquier caso, lo terminé, y los lectores me comentan con frecuencia que para ellos el libro supuso una «gran aventura». Con mi tercer libro, Nigel me dijo que mis ideas eran manidas, y mi estilo narrativo, ramplón. A mí no me lo parecía, pero me provocó desazón.

Eso se convirtió en un patrón: Nigel hablaba pestes de cada nuevo libro, y yo temía que estuviera en lo cierto. Se me hizo cuesta arriba terminar los libros. Hace unos años escribí uno que desató la furia de Nigel. Cada día, mientras trabajaba en el proyecto, Nigel metía baza con comentarios insidiosos. «Este libro es espantoso, infumable, pésimo», comentaba. Guiada por mis páginas matutinas, seguí escribiendo, y Nigel continuó echando por tierra mi trabajo. Fue un alivio terminar por fin el libro, pero cuando se lo entregué a Joel, mi agente literario, me hice eco de la opinión de Nigel y le comenté que el libro era pésimo.

«Seré yo quien juzgue eso», dijo Joel. Así pues, estuve en ascuas hasta conocer su opinión. Tardó dos semanas en ponerse en contacto conmigo: dos semanas de gran ansiedad e inseguridad.

«Es uno de los mejores libros que has escrito en tu vida —finalmente me dijo por teléfono, y acto seguido añadió—: Me parece que has estado escuchando a Nigel».

Luego una editorial compró el libro y lo publicó. Resulta que fue un gran éxito. En mis años como docente he descubierto que prácticamente todos llevamos dentro un «Nigel», un crítico cuyo único cometido por lo visto es desanimar.

Un amigo mío es guionista de Hollywood. Se pasa horas sentado a su mesa todos los días lidiando con su necesidad de crear escenas interesantes.

—Odio escribir —me dice—. Se me están agotando las buenas ideas.

—Da la impresión de que te ha acosado tu crítico interior —comento.

—Tener el listón alto no tiene por qué ser necesariamente malo —replica a la defensiva.

Uno de los bloqueos habituales entre los escritores es considerar que deben, sin ningún género de dudas, escuchar a su voz más crítica con la esperanza de mejorar su estilo. Sin embargo, yo he llegado a la conclusión de que ocurre lo contrario.

—Intenta escribir páginas matutinas —le insto—. Permítete escribir con libertad, sin aspirar a la perfección.

—¿Te digo que odio escribir y me pides que escriba más? —refunfuña mi amigo.

—Sí —respondo—. En las páginas matutinas no hay cabida para la perfección. Son estrictamente flujo de conciencia, y sirven para desarmar a tu crítico interior.

—¿De verdad escribes páginas matutinas a diario? —me pregunta mi amigo.

—Sí —respondo—. Llevo años haciéndolo.

—A mí me parecen una obligación como cualquier otra —objeta—. Voy por la mitad de un nuevo guion y ya empiezo a perder las ganas.

—Prueba con las páginas —insisto, pero mi amigo se muestra remiso.

Tras colgar el teléfono, me puse a reflexionar acerca de lo que le había aconsejado a mi amigo. Según mi experiencia, no es posible eliminar del todo al yo crítico, pero sí desarmarlo. Y una vez desarmado, ya no parece un ogro temible, sino más bien un personaje caricaturesco. Es posible despojar de su poder a Nigel y sus semejantes. El crítico interior, un incordio en vez de un monstruo, puede ser derrotado.

Durante poco más de un mes me mantengo a la espera, y entonces, un día, mi amigo me llama.

—He terminado mi guion —anuncia en tono vanidoso— y creo que tengo que agradecértelo. He estado escribiendo páginas matutinas a diario, y desde luego han surtido efecto a la hora de desarmar a mi crítico interior y ayudarme a que mi escritura fluya libremente.

—¿Ves? Escribir no tiene por qué hacerse a marchas forzadas.

—No —conviene mi amigo—. De hecho, creo que hasta podría disfrutar con ello.

—Simplemente sé constante con las páginas —le insto.

—Seguro que, como llevas tantos años escribiendo las páginas matutinas, habrás vencido a tu crítico interior.

—La verdad es que no —explico—. Pero he aprendido a pensar en mi crítico interior como en un personaje caricaturesco que, por lo general, tiene una actitud negativa sin motivo alguno. Yo escribo, y él critica. He aprendido a escribir a pesar de su negatividad. Tú también puedes desarmar a tu yo crítico. Solo mantén la constancia, y deja que tu crítico se desgañite.

PONER EL LISTÓN BAJO

Son las tres de la tarde de un día de finales del verano. Hay un cielo radiante, con nubes esponjosas aborregadas. Mi perrita me suplica que salga a caminar con ella. Ponemos rumbo montaña arriba. A pesar de que si damos un paseo corto Lily lo asume con deportividad, se siente más contenta cuando me tomo la molestia de caminar más lejos. Las orejas se le ponen de punta en cuanto pasamos junto a un pájaro cantor que gorjea desde las altas ramas de un junípero. «Qué divertido, ¿verdad, Lily?», comento. Ella tira de la correa a modo de respuesta. Para mi perrita, el ejercicio es puro deleite. «Vale, Lily», digo, la señal de que ya hemos paseado bastante. En el camino de vuelta paramos a recobrar el aliento mientras los pájaros nos regalan su serenata.

Al entrar en el jardín delantero de nuestra casa, suelto a Lily de la correa y dejo que retoce. Lily hunde el hocico en el mantillo bajo un arce y asoma alegre con un mostacho en el hocico.

«Hora de entrar, Lily», le digo. Obedece a regañadientes y se dirige a la puerta. Giro la llave en la cerradura, abro y entramos rápidamente. Nuestro paseo diario ha finalizado con éxito. Ahora ha llegado el momento de otro ritual diario: escribir.

Me acomodo en mi gran silla de piel en mi estudio. Pongo un álbum de Cindy Bullens titulado *Somewhere Between Heaven and Earth*. La música es expansiva y me prepara para escribir. Digo para mis adentros que solo es necesario que escriba un poco. Se trata de un cebo, de una «triquiñuela», algo a lo que recurro porque funciona.

Cuando nos planteamos escribir un proyecto, con demasiada frecuencia pretendemos escribir el proyecto entero, y nos acobardamos. «Me gustaría escribir un guion —pensamos—, pero, además de que conlleva muchísimo trabajo, ¿y si no se vende?». Con este planteamiento coartamos nuestra creatividad. Ponemos el listón demasiado alto. Qué diferencia cuando bajamos el listón, cuando decimos: «Me encantaría escribir un guion, y seguro que puedo, página a página».

Me gustaría hablar más acerca de esta «triquiñuela», a la que los escritores a menudo se resisten. Consiste en poner el listón bajo —«página a página»—, en hacer que la cantidad de texto que aspiramos a escribir resulte asumible. Cuando bajamos el listón, fomentamos la productividad.

La gente a menudo me comenta: «Julia, eres muy productiva», y yo digo para mis adentros: «Cualquiera puede ser productivo si tiene el listón lo suficientemente bajo». Mientras escribo este libro, me he marcado un modesto objetivo de dos páginas diarias. Esta cantidad me resulta «perfecta» y motivadora. Al escribir dos páginas al día, escribo sesenta al mes. Para los estándares de casi todo el mundo, sería un ritmo rápido. Y el truco de dicha rapidez consiste en poner el listón bajo.

Escribir «un poquito» me resulta muy provechoso. Es, claro está, un truco que realizo conmigo misma y que recomiendo a mis alumnos. Es la experiencia la que me ha enseñado que «Sin prisa, pero sin pausa» no significa «Oh, relájate», sino «Anda despacio para llegar lejos», y ese «lejos» alude al proyecto que se tiene entre manos. Bajar el listón, a una altura que se halle al alcance de la mano, nos proporciona una sensación gratificante cuando avanzamos cada día. Cuando he intentado escribir más deprisa, únicamente me he desanimado y he empezado a saltarme días de escritura.

Encuentro que, al marcarme un objetivo demasiado ambicioso, digamos que de cuatro páginas en vez de dos, agoto mi pozo interior. Cuando trato de escribir a toda mecha, encuentro que a mis textos les falta sustancia. He de mantener mi pozo interior bien abastecido, es decir, llevar un ritmo moderado. Debo organizar una cita con el artista semanal para reponer mi suministro de imágenes. Si duplico el objetivo, duplico la necesidad de citas con el artista; ahora tengo que organizar, no una, sino dos. Organizar dos requiere una cuidadosa planificación, y enseguida me desanimo. Una cita con el artista a la semana y dos páginas al día: esa es la fórmula por la que abogo. En mis citas con el artista, a lo mejor voy a una tienda de animales a observar a los gatitos himalayos o a un vivero a comprar una bromeliácea. Las librerías infantiles son otros de mis destinos favoritos; cada libro contiene casi la misma información novedosa que puedo asimilar. Alimentarme de nueva información a un ritmo constante —pero paulatino— llena mi pozo y me facilita la escritura.

Hace poco almorcé con un joven guionista que llevaba escritas cuarenta páginas de un guion y se encontraba bloqueado. En nuestra conversación descubrí que había escrito las cuarenta páginas a un ritmo demencial y que en ese momento se había quedado en blanco. Había agotado su pozo interior escribiendo a destajo sin disfrutar de citas con el artista.

«Afloja el ritmo —le sugerí—. Prueba con un par de páginas al día solamente. No te des el tute cuando te esté cundiendo». Le expliqué que escribir con moderación aceleraría su proyecto. Él mostró ciertas reservas, pero como estaba desesperado, accedió a probar mi método de poner el listón bajo. Un guion ocupa unas ciento veinte páginas y, por tanto, quitándole las cuarenta que ya tenía, le quedaban ochenta páginas, el equivalente a dos meses de trabajo por delante. «Probaré a tu manera —dijo—. Al fin y al cabo, este es mi primer guion, y tú has escrito muchos».

«Llámame cuando termines», le dije, y nos despedimos. Habían transcurrido dos meses cuando recibí la llamada. Estaba pletórico. Trabajando despacio —pero a un ritmo constante— había finalizado un borrador.

Disponía de una fórmula —dos páginas al día y una cita con el artista a la semana— que podía aplicar a todos sus futuros guiones. «Sin prisa, pero sin pausa» en efecto significa «despacito y con buena letra». Poner el listón bajo fomenta la productividad.

Mi perrita se aproxima con sigilo a mi silla. Sabe que no debe molestarme mientras escribo, pero como hoy he alcanzado mi cuota, recibo de buen grado la distracción.

«Ven aquí, Lily», le digo, al tiempo que me doy palmaditas en el regazo. Ella, dulce y cariñosa, se encarama de un salto. «¿A que hoy hemos dado un buen paseo?», le pregunto. A modo de respuesta, se lanza a por el bolígrafo.

EL LUGAR

Tienes una historia que contar. Esa historia acontece en un determinado lugar, a una determinada hora. Tú, el escritor, conoces bien ese mundo, pero ¿lo has plasmado sobre el papel? ¿Has descrito los detalles de ese mundo con el fin de que tus lectores sean capaces de habitar en él como tú?

La buena escritura proporciona la percepción del ambiente. Al escribir este libro, he descrito mis vistas a la montaña. El rincón para escribir número tres se distingue por su ventanal. Esa gran ventana mira al este, a la sierra de la Sangre de Cristo. En dirección oeste se extiende un trecho de valle y a lo lejos, la sierra de Jémez. A un paso se halla mi jardín delantero, donde el verdor de los árboles contrasta con el muro de adobe marrón. Tomo nota de estos detalles mientras escribo, con el deseo de que mis lectores se hagan una idea de mi hogar, con forma de herradura gigante.

Al escribir acerca de Santa Fe, abrigo la esperanza de transmitir la magia de la ciudad: viviendas de adobe con jardines amurallados, rosas en flor. La ciudad está construida alrededor de una plaza en cuyo extremo se alza la basílica de San Francisco. Cuando vivía en Nueva York, escribía acerca de desfiladeros de hormigón, de imponentes rascacielos. Central Park era una alfombra verde que atravesaba en canal la ciudad. En mi novela *El fantasma de Mozart* describí con detalle el barrio del Upper West Side. Escribí sobre los delicatesen, los puestos de pizza y las floristerías. Escribí sobre las cafeterías, de una en particular con reservados de material sintético agrietados. Ubiqué a mis personajes en apartamentos, uno encima del otro. Subían a los tejados para contemplar la puesta de sol sobre el Hudson.

Al marcharme de Nueva York, dejé atrás el edificio Chrysler con su cúspide en forma de penacho. Puse rumbo al oeste, cruzando las llanuras hasta Santa Fe y sus montañas. Los tacos sustituyeron a las pizzas. El chile verde se convirtió en un ingrediente básico. El plato «Navidad» —con chile rojo y verde–– se convirtió en una sabrosa exquisitez. Santa Fe despertó mis sentidos. Se trataba de un lugar, la ubicación elegida para mi escritura. Pero era algo más que un simple lugar: era una delicia rebosante de caprichosas formas y sabores. La Virgen de Guadalupe, con su manto azul tapizado de rosas, lo custodiaba todo. Aquí escribo los detalles de mi nuevo hogar con la esperanza de que mis lectores también se sientan como en casa.

Vivo en una montaña, a poco más de seis kilómetros del corazón de Santa Fe, su histórica plaza. Hoy, al despertarme de buena mañana, he disfrutado de las tonalidades rosas y doradas del amanecer. La nieve que cubría la cima de la montaña estaba rosácea y, a medida que la luz iba bañando el flanco montañoso, mi casa se iluminaba como un farol. Ahora el día ha tocado a su

«Un escritor es alguien que presta atención al mundo».

Susan Sontag

fin. Aunque el atardecer es el eco del amanecer, la luz de mi casa farol se va atenuando, y enciendo las luces que necesito. Me muevo de una habitación a otra conforme cambia la luz para escribir este libro. Quiero dar suficientes detalles para transmitir la sensación del lugar. Se escribe mejor cuando uno se ubica.

Cuando vivía en Nueva York, caminaba por Central Park. Un día me sobresalté al ver a un neoyorquino con una enorme pitón amarilla enroscada alrededor de los hombros. Al mudarme a Santa Fe, no encontré pitones, sino osos. De un zarpazo destrozaron mis comederos de pájaros, volcaron el cubo de la basura y dejaron enormes y siniestras huellas en la zona exterior próxima a mi cuarto para escribir.

«Tenemos un oso», se apresuró a advertirme mi vecino, y se quedó levantado hasta altas horas de la noche para hacer una foto al intruso.

«Tengo un oso», les comenté, pletórica por dentro, a mis amigos del este.

«¿¡Un oso!? —repitieron—. ¡Ten cuidado!».

Y sí que tuve más cuidado en el trayecto del coche a la casa. Mi nuevo patio trasero tiene una valla de dos metros de altura, un efectivo elemento disuasorio frente a los osos. Pero mi perrita, Lily, los ve y da la voz de alarma con su estrépito.

Los coyotes merodean por el perímetro de la valla. Ellos también molestan a Lily, que quiere avisarme… y que escriba con un toque salvaje.

Ayer por la tarde recibí una llamada telefónica de mi amiga y colega Natalie Goldberg. «Quiero ir a ver tu casa», dijo. Yo, encantada. Tanto la vida como la escritura de Natalie se cimentan en la sensación del lugar. Tiene un jardín —en realidad tres—, pero en el que más envidia me da hay cinco árboles frutales: un manzano, un melocotonero, un albaricoquero, un peral y un ciruelo. A diferencia de él, mi nuevo jardín está yermo, aunque pronto lo cultivaré, y entonces observaré cómo florece.

Antes de vivir aquí, en Santa Fe, y en Nueva York, viví en la localidad montañosa de Taos, en Nuevo México. Tenía un pequeño rancho; un «ranchito», lo llamaba, que gozaba de diversas vistas a las montañas que rodean el valle de Taos. De entre todas ellas, mi favorita era la de dos faldas montañosas que Natalie describió como «dos elefantes besándose». Cuando miraba al sureste, los elefantes hacían el amor en mi prosa. Cuando miraba al noroeste, la montaña sagrada de los indios tewa me llamaba la atención.

Al leer los libros que escribí a lo largo de los diez años en los que viví en Nueva York, la majestuosidad del edificio Chrysler me pareció tan imponente como la montaña de Taos. Escribir sin transmitir la sensación del lugar es escribir a ciegas. En los grandes libros de los que disfrutaba, el escenario me parecía fundamental. Al plantearme mudarme a Santa Fe, cogí mi ejemplar, baqueteado y manoseado, de *La muerte llama al arzobispo*, de Willa Cather. En él abundaban las descripciones del paisaje del suroeste. Me encantó ese libro.

Otro libro, este más moderno, del novelista John Bowers, se titulaba *End of Story* y estaba ambientado en Inglaterra, Nueva York y Santa Fe. A sus héroes —hay varios— les encanta ubicarse geográficamente. Durante la lectura del libro de Bowers sentí una grata cercanía con cada escenario. Tanto me gustó que, al pasar la última página, me dio por volver al principio de la historia. Leí el libro de un tirón por segunda vez, suspirando en voz alta ante la belleza y especificidad de la prosa.

En las películas, lo mismo que en los libros, el escenario es primordial. Soy amiga de un hombre brillante, Todd Christiansen, técnico de localizaciones. En él recae en gran parte la responsabilidad del «ambiente», la sensación del lugar que se respira en las películas en las que trabaja. Este fin de semana fui al Festival de Cine de Santa Fe. En la ceremonia de entrega de premios Todd fue homenajeado, y pensé: «Sí, se merece que reconozcan sus méritos». Su trabajo es de esos prácticamente invisibles, pero, indispensables. Muchos directores dependen del buen hacer de Todd. Mientras escribo esto, el sol se oculta por el oeste al tiempo que la luna se eleva por el este. Es una delicia para un cineasta. Esta noche disfrutamos de una luna de tres cuartos. Su disco incompleto baña la montaña con una luz argéntea.

LA PROCRASTINACIÓN

Hace un día radiante y soleado. Los rayos del sol aportan energía. Estoy lista para abordar un tema difícil. Sin ánimo de pecar de frívola, he postergado la elaboración de este ensayo. Trata sobre la procrastinación, el error fatal de muchos escritores. Hay demasiadas cosas que hacer antes de escribir: cambiar las sábanas, pasar la aspiradora en el cuarto de estar, responder a todos los correos electrónicos, sacar al perro… Prácticamente cualquier tarea puede parecer más urgente que escribir. Como los perros que dan vueltas alrededor de su cama, damos vueltas antes de ponernos a escribir. Sabemos que deberíamos empezar, pero nos resulta muy abrumador. Sin embargo, es ponerse con ello lo que rompe el hechizo, pues la procrastinación es un maleficio, y al caer en ella, cada vez nos sentimos más desanimados. Nuestro desánimo es como un hoyo profundo que cavamos cada vez más hondo. Hemos de arrancar, muy poquito a poco. Para nadar hay que meter la punta del pie en el agua.

Para poner fin a la procrastinación se requiere coraje. Decimos para nuestros adentros que nos falta valor, pero ¿es cierto? Procrastinamos porque pensamos que debemos escribir un proyecto de cabo a rabo. Sin embargo, para acabar con la procrastinación, lo único que hemos de hacer es escribir el primer pensamiento. El segundo, el tercero y el cuarto surgen a continuación. La escritura fluye enseguida, y la procrastinación es agua pasada.

Pongamos como ejemplo el caso de John, un novelista. Su primer libro tuvo un considerable éxito. Con el segundo cayó en la procrastinación. Le sugerí que probara un ejercicio de *El camino del artista*, el que denomino «Hacer saltar los bloqueos por los aires». Se trata de una de las herramientas más potentes que he creado jamás para poner en marcha un proyecto, y yo misma la utilizo en casi todos los proyectos creativos que emprendo.

—Ponte a escribir —le dije— y haz una lista de todos tus temores y motivos de enojo acerca del nuevo libro.

—¿De qué me serviría eso? —protestó John.

No obstante, yo insistí en que lo intentara, y se puso manos a la obra. Para su sorpresa, abrigaba una docena de temores relacionados con el libro, empezando por «Es una idea pésima». A continuación enumeró los motivos de su enojo. De nuevo abrigaba muchos más de los que suponía, empezando por «Estoy enfadado por la cantidad de trabajo que conlleva una novela».

«El momento que da más miedo es justo antes de empezar».

STEPHEN KING

—Léeme tus temores y los motivos de tu enojo —pedí a John.

—Es que parecen muy ridículos —objetó.

—Ridículos o no, oigámoslos —dije. Así pues, a regañadientes, John leyó lo que denominaba su «lista»—. Ahora ponte con ello.

—¿Así, por las buenas? —preguntó.

—¡Sí, por las buenas! —exclamé—. Tu procrastinación es perfeccionismo. Ponte con ello, y punto.

Para su sorpresa, John comprobó que fue capaz de ponerse manos a la obra. Su procrastinación se le antojó un gran despropósito. El ejercicio de hacer saltar los bloqueos por los aires había reducido a cenizas su procrastinación. Se trataba de una poderosa herramienta, la cual prometió usar en el futuro. En mis muchos años de docencia he visto que, aunque a la mayoría de la gente la «lista» les parezca ridícula, todos los artistas comparten listas similares de temores, resquemores y motivos de enojo a la hora de comenzar a escribir. Ridículos o no, estos bloqueos habituales son importantes, pero sistemáticamente he comprobado cómo estos bloqueos desaparecen frente a esta herramienta.

Así pues, recuerda: la procrastinación, como el perfeccionismo, siempre se reduce a miedo y enojo. Hacer saltar los bloqueos por los aires siempre despeja el camino. Enfréntate a tu escepticismo, igual que John. Tus «ridículos» temores y tu enojo son espantajos, nada más. Muéstrate dispuesto a ver cómo desaparecen. Esta sencilla herramienta de la que he hablado aquí es poderosa. «¿Qué se pierde con probar?».

La responsabilidad

Escribo todos los días. Después de más de treinta años continúo escribiendo páginas matutinas. A veces me resulta arduo, pero lo hago de todas formas. Asumo esa responsabilidad. Tengo la obligación de cumplir con la tarea. Escribir las páginas matutinas es un deber que me he impuesto a mí misma. Si me salto un día o una página, noto la diferencia. Las páginas me mantienen con los pies en la tierra. Yo determino mi jornada, en vez de a la inversa. Las páginas establecen mis prioridades. Mantengo el rumbo y no me dejo arrastrar por las agendas de otras personas.

No siempre fui responsable. En la época anterior a las páginas matutinas escribía sin orden ni concierto: un día un poco, al día siguiente nada… Sin el timón de las páginas, mi estado de ánimo oscilaba. Me hallaba a la deriva. Animada o alicaída, no tenía el control. Mis proyectos avanzaban a trompicones. Me daba atracones de escribir, y luego sufría por no hacerlo. Mi estado de ánimo pasaba de la euforia al desconsuelo, en consonancia con el rendimiento de la jornada. A menudo me identificaba con esa alma en pena, el escritor infecundo. Malhumorada, irritable e insatisfecha, encarnaba ese cliché: el del artista amargado. ¿Acaso es de extrañar que bebiera para anestesiar mis cambios de humor?

Cuando dejé de beber a los veintinueve años, me quedé a merced de esos altibajos. Sin alcohol para atenuarlos, eran brutales. Necesitaba una nueva forma de escribir y de vivir. Necesitaba estar emocionalmente sobria.

Ahí es donde entró en escena la responsabilidad. Permaneciendo sobria día a día, fui recuperando la cordura a través de la constancia. Asumí el compromiso de no beber y de no caer en comportamientos propios de alcohólicos. La escritura fue la única parcela que quedó fuera de mi control. Entonces se me ocurrió: ¿por qué no aplicar en la escritura los mismos principios que regían mi vida?

Sin prisa, pero sin pausa, día a día, comencé a practicar la moderación. Me puse a escribir a diario; lo primero es lo primero. Por poco que escribiera un día cualquiera, lo consideraba un triunfo. A medida que aumentaba mi constancia, disminuían mis cambios de humor. Alcancé el equilibrio emocional con una cantidad equilibrada de productividad. Entre encargo y encargo para el cine —de escritura forzosa—, aprendí a escribir a diario. Retirada del mundo en Taos, en Nuevo México, se me ocurrió una fórmula: escribir tres páginas a mano de buena mañana, una práctica regular y repetitiva que resultó efectiva. Escritas a primera hora —son páginas matutinas—, aportaron calma a mis días y a mi personalidad. Me volví diligente, responsable. Las páginas se convirtieron en una rutina necesaria. Mientras en otra época había dependido del alcohol y las drogas, ahora dependía de las páginas matutinas. Me las debía a mí misma. A estas alturas llevo tres décadas y media escribiendo páginas. Me he comprometido a esta práctica diaria. El hecho de escribirlas, de ignorar a mi crítico interior, de enseñarle a mantenerse al margen, ha propiciado que todo lo que escribo me resulte más fácil.

«Julia, eres muy productiva», me dicen a menudo en tono de reproche. Yo debo mi productividad a mi práctica diaria. Y doy cuenta de ello.

El hábito de escribir

Amanece un nuevo día con un gesto habitual: cada mañana a las tres, mi perrita se acerca a mí, y me pide que la saque a dar un paseo. Es bastante insistente, y da saltos de alegría cuando voy a por su correa. No caminamos mucho —a lo mejor media hora—, pero sin su paseo Lily está inquieta, y cuando lo damos, se pone contenta.

Sé cómo se siente. Lily debe caminar a diario, y yo tengo que escribir. Para mí, escribir es una actividad imprescindible. Vivo las experiencias de mi vida, y uso la escritura para entender esas vivencias. Escribir se convierte en un hábito diario, en una lente a través de la cual filtro el mundo. Además de mi rutina de las páginas matutinas, escribo a diario el proyecto que tengo entre manos. Si no lo escribo, el proyecto, igual que Lily, reclama mi atención. A lo largo de los años he aprendido a escribir con o sin ganas; a menudo, cuando más rindo es en los días en los que mi creatividad brilla por su ausencia.

«Escribe, y punto, Julia», me insto a mí misma en esos momentos, y obedezco de buen grado. Como he dicho, no estoy por encima de las súplicas en busca de ayuda, pues sé que la oración —algo a lo que a veces denomino «triquiñuela»— funciona.

«Querido Dios, te ruego que me des una idea», pido con confianza. Más pronto que tarde, la idea aparece ante mis ojos, igual que Lily, con ganas de dar su paseo.

«Debes de tener mucha disciplina», me dice la gente, pero yo prefiero el término «entusiasmo». Si lo que escribo anhela ser expresado, yo anhelo cooperar. Del mismo modo que Lily tira de su correa, mi escritura me marca el ritmo que he de seguir. Mi pluma se apresura a plasmar mis pensamientos. Se me guía hacia delante. ¿Quién no iba a querer escribir sabiendo las buenas sensaciones que genera? La parte de mí que escribe es como una vivaracha marioneta que me incita a la aventura. Consciente de que una jornada de escritura me colmará de felicidad, considero que es mejor poner de mi parte.

Cuando doy clases, recomiendo a mis alumnos que también hagan de la escritura una práctica diaria. Me consta que es mucho más fácil escribir que no hacerlo, y he escuchado las quejas de muchos de ellos que se resisten a esta enseñanza: el no escribir un día lleva a tampoco hacerlo al día siguiente y, con el tiempo, a un bloqueo importante.

Cuando estuve de profesora de escritura en residencia en la Universidad del Noroeste, encargué a mis estudiantes que escribieran tres páginas matutinas y, a continuación, tres páginas de guion: la cuota diaria. El truco, les dije, consistía en escribir todos los días, pero poniendo el listón muy bajo con el fin de que la cuota diaria resultara fácilmente asumible. Utilicé el lema «Sin prisa, pero sin pausa», o sea, «Despacito y con buena letra», les expliqué. Y, en efecto, escribir tres páginas de guion cada día equivalía a noventa páginas al mes.

Presenté a mis alumnos un segundo lema, «Día a día», con el fin de animarlos a centrarse en el resultado de cada día, sin preocuparse por el futuro. Abordada así, en pequeñas dosis, la creación de guiones se convirtió en una tarea agradable.

«Julia, haces que parezca muy fácil», me dicen a veces, en esta ocasión un guionista adicto a tener rachas infecundas interrumpidas por atracones que generan un rendimiento errático, ni de lejos tan uniforme como el de mi método.

—Odio escribir —me comentó este guionista, pero, tras sondearle un poco, me explicó que era su *manera* de escribir lo que le resultaba pesado y le enfurecía.

—Prueba a mi manera —le insté—. Escribe tres páginas matutinas y, a continuación, tres páginas de guion. Día a día. Sin darle vueltas.

Con gran renuencia probó mi método y, tres semanas después, me puso al corriente de las mejoras en sus resultados.

—En realidad me encanta escribir —me comentó el antaño amargado guionista—. Y he terminado mi guion.

—Sí —dije, satisfecha—. Sabía que lo harías.

Del mismo modo que el guionista me anunció con júbilo su óptimo rendimiento, puedo prometer que el método «Sin prisa, pero sin pausa» es aplicable a cualquier estilo de escritura. Por tanto, digo a mis alumnos, si os embarcáis en un proyecto, poneos un listón muy bajo de rendimiento diario y ceñíos a esa cantidad, no más. Si para escribir se requiere entusiasmo, igualmente se requiere disciplina para no excederse, les advierto. Con una cuota diaria reducida se consigue avanzar mucho. Escribir un poco a diario fomenta la autoestima; tras un rato con la pluma, uno siente un subidón de satisfacción. La identidad del escritor se va afianzando.

«Sin prisa, pero sin pausa…, pero hazlo» se convierte en un mantra. Hacedlo todos los días, los animo, y comprobad cómo aumenta vuestra autoestima. Hay pocas cosas más agradables que un escritor que está escribiendo.

«El deseo de escribir aumenta a medida que se escribe».

ERASMO DE RÓTERDAM

UN ARTE PORTÁTIL

La práctica diaria de la creatividad nos hace felices. La pintura, la escultura, el dibujo, la interpretación… son modalidades artísticas que nos reportan alegría. Pero tal vez ninguna sea tan fácil de poner en práctica como la escritura: es una forma de arte portátil que únicamente requiere bolígrafo y papel.

Estoy escribiendo en mi rincón para escribir número uno, mi biblioteca, sentada en una gran silla de oficina y contemplando las montañas por la ventana. La vista es impresionante. Las nubes envuelven los picos de las montañas, escarpadas y majestuosas. Llueve en las cumbres. Un trueno advierte de que la tormenta se acerca. Me dirijo al rincón para escribir número tres, con vistas al pino piñonero, un hábitat para diminutos pájaros. Observo cómo revolotean de rama en rama; están volcados en la tarea de buscar refugio ante la inminente tormenta. Mi teléfono suena con estridencia, y respondo en el rincón para escribir número dos, mi sala de ejercicio. La llamada es de mi amigo Jacob Nordby, que me informa de que en Boise la temperatura es de 38 °C. Tras el calor sofocante de las dos últimas semanas, la esperada lluvia prevista para el fin de semana será un soplo de aire fresco. Sujetando precariamente el teléfono con un hombro, me subo a la cinta. Camino treinta y cinco minutos al día. Me pongo a hablar con Jacob mientras camino.

«¿Estás subida a la cinta?», me pregunta Jacob en un momento dado, al oír el ritmo constante de mis pisadas. La ventana de esta habitación mira a las ramas de un gran junípero. Los cuervos disfrutan de su copa inclinada. Yo disfruto de los cuervos, que miran con descaro por mi ventana. Observo sus monerías con deleite.

Ahora siento la llamada del rincón para escribir número cuatro. Me acomodo en una butaca en el porche, pendiente del eco lejano de los truenos. Sentada, disfruto del jardín hasta que se pone a llover. Vuelvo dentro, al rincón para escribir número uno, la biblioteca.

Moviéndome de una habitación a otra, de un rincón a otro, valoro la portabilidad de mi modalidad artística. Escribo a mano, pertrechada con mi diario, y registro la diversidad de paisajes. A veces pinto, pero me encuentro atrapada en el lugar donde he colocado los materiales. Qué diferencia, pienso, disfrutar de la libertad que me proporciona la escritura. Me brinda la posibilidad de quedarme en un rincón o, si me siento inquieta, de usar los cuatro. Si me invade el desasosiego, me meto el diario bajo el brazo, subo al coche y bajo la montaña hasta la ciudad. Mi restaurante favorito hace las veces de rincón para escribir número cinco. Pido salmón a la parrilla y me acomodo para observar a los demás comensales. En el restaurante hay ajetreo, y me agrada la variopinta clientela. En un reservado próximo, una pareja de ancianos muestra una actitud dulce y solícita. En la mesa del rincón hay una pareja de jóvenes enamorados dándose a probar bocaditos el uno al otro. En una mesa para dos acomodan a comensales solos, como yo. ¿El entrante elegido? Una exquisitez: tacos de langosta. Me sirven el salmón a la parrilla, en su punto. De postre pido flan y, mientras saboreo el dulce, hago una anotación. Diane, mi camarera favorita, ha adelgazado; le sienta bien. Le hago una seña para pedir la cuenta y pienso que la comida ha sido una ganga: platos deliciosos y un rato agradable observando a la gente. Mi diario lo registra todo.

En el camino de regreso montaña arriba digo para mis adentros: «Qué agradable aventura». Diario en mano, no me he sentido sola. Me encanta mi arte portátil.

✎ TAREAS

1. Solo veinte minutos: a veces, para escribir lo que más cuesta es arrancar. Esta semana pon la alarma para veinte minutos después. Prométete a ti mismo que, una vez transcurridos «solo» veinte minutos, puedes parar. Comprueba cómo funciona esto. ¿Te ayuda a arrancar esta herramienta? Una vez que empiezas, ¿tienes ganas de continuar pasados esos veinte minutos?

2. Perfeccionismo: el perfeccionismo es un bloqueo muy destructivo. A menudo nos decimos a nosotros mismos que el perfeccionismo es «tener estándares», pero de hecho es un factor que paraliza. Completa las siguientes frases lo más deprisa posible con lo primero que te venga a la cabeza:

    Si no tuviera que hacerlo perfecto…
    Si no tuviera que hacerlo perfecto…
    Si no tuviera que hacerlo perfecto…
    Si no tuviera que hacerlo perfecto…
    Si no tuviera que hacerlo perfecto…
    Si no tuviera que hacerlo perfecto…
    Si no tuviera que hacerlo perfecto…
    Si no tuviera que hacerlo perfecto…
    Si no tuviera que hacerlo perfecto…
    Si no tuviera que hacerlo perfecto…

3. El crítico interior: todos tenemos un yo crítico, esa voz que cuestiona y sabe mejor que nadie cuál es nuestro talón de Aquiles. Responde a lo siguiente:

Ponle nombre a tu crítico. Tal vez desees llamarlo como alguien —un maestro o pariente que te subestimó en el pasado o un personaje villano de animación—, o puede que prefieras inventarte el nombre. (El mío, como he mencionado, se llama Nigel).

¿Cuál es el comentario más habitual que te hace tu crítico?

¿Cuál es el reproche de tu crítico que eres más propenso a creer?

¿Qué es lo peor que te ha dicho tu crítico jamás?

Convierte en positivo lo peor que te haya dicho tu crítico. Si, por ejemplo, te reprocha que nunca serás original y que no tienes nada que decir, conviérte esto en «Soy completamente original y tengo muchas cosas que decir. Lo que escribo tiene frescura, es interesante y único».

4. Hacer saltar los bloqueos por los aires: se trata de una de mis herramientas favoritas y más poderosas. Del uno al veinte, escribe cada temor, resentimiento, motivo de enojo y preocupación que tengas con respecto a tu proyecto. Cuando termines, fíjate en que, a pesar de tus temores, dispones de asombrosas reservas de energía y determinación para seguir adelante.

5. El lugar: describir el escenario por escrito nos conecta con los lectores, y viceversa. Este ejercicio consta de dos partes:

Elige un espacio de tu casa. Siéntate a describir y describe ese lugar en un párrafo.

Sal a la calle y elige un sitio —podría ser un banco de un parque, una cafetería, una playa…— y descríbelo. ¿Qué puedes plasmar del entorno sobre el papel? ¿Qué olores, sonidos y colores percibes? ¿Qué temperatura hace? ¿Qué ambiente se respira? Describe exactamente dónde te encuentras en un párrafo.

Registro

1. ¿Cuántos días has hecho tus páginas matutinas esta semana? ¿Has sido capaz de ponerte con ellas enseguida y escribirlas sin interrupciones o distracciones?
2. ¿Has organizado tu cita con el artista? ¿En qué consistió? ¿Qué tal fue? ¿Sentiste sincronía, optimismo, la sensación de un poder superior benévolo o las tres cosas?
3. ¿Has dado tus paseos? ¿Has sido capaz de caminar a solas y sin distracciones? ¿Has probado a plantearte una pregunta al salir para ver si regresas a casa con una respuesta?
4. ¿Has alcanzado tu cuota diaria? ¿Cuántas páginas llevas de tu proyecto? ¿Te hace ilusión comprobar que la cantidad de páginas va aumentando?

Confía en tu proceso

A estas alturas has adquirido el hábito de escribir, y ahora llega el momento de confiar en tu proceso, en tus ideas y en ti. Los ensayos de esta semana te servirán de guía mientras trabajas para escribir con honestidad y al mismo tiempo de apoyo frente a problemas muy humanos a los que todos los escritores se enfrentan en un momento dado: los celos, la ansiedad y la crisis de autoestima, así como a la sincronía y el júbilo. Se te guiará a lo largo de periodos infecundos, se te animará a pedir orientación y se avivará tu esperanza.

Ahora que te has «hecho a la mar», esta semana recibirás apoyo para surcar las olas en tu periplo con fe y gracia.

CONFIAR EN TUS IDEAS

Soy amiga de un escritor atascado, y digo «atascado», no bloqueado, porque soy optimista y sé que mi amigo volverá a escribir, solo que… más adelante. Ha conseguido escribir tres libros, y le encanta escribir. El problema es que no sabe qué escribir. Tiene ideas —y muchas—, pero no confía en ellas. Escuchándolo a lo largo de los meses que lleva atascado, le he oído inventarse muchas ideas y, luego, echarlas por tierra.

—Eso pinta bien —comento.

—¿De veras? —La duda se refleja en su voz.

Otro día, otra idea.

—Eso pinta bien —comento de nuevo.

—¿De veras piensas eso?

No está seguro. Mi amigo es un magnífico escritor, y sus ideas también son magníficas. Podría escribir bien sobre cualquiera de ellas si…, si confiara en ellas. Autor de un espléndido libro sobre desbloqueo creativo, en vez de usar sus propias herramientas, presta atención a la voz de su crítico interior, una voz que al hilo de cualquier idea comenta por lo bajini: «No es lo bastante buena».

¿Lo bastante buena para quién? El crítico interior nunca está satisfecho. Avanza de puntillas siseando como una serpiente cascabel mientras emite sus juicios. Mi amigo, un hombre brillante, se tacha a sí mismo de estúpido. En vez de reconocer la sempiterna negatividad de su yo crítico, se cree cada dardo envenenado. En lugar de hacer caso omiso de las ridículas opiniones de su crítico —«Gracias por compartir»—, se las toma a pecho.

«Puedes, deberías y, si eres lo suficientemente valiente para comenzar, lo harás».

STEPHEN KING

Le vendría bien afirmar: «Soy un pensador sensato y cabal». Además, podría afirmar: «Mis ideas son sólidas y fiables». Las frases afirmativas constituyen una efectiva herramienta positiva en la batalla contra la negatividad. «Confío en mi criterio» puede convertirse en una valiosa arma. Prometer lealtad a nuestras propias ideas contribuye a desviar la atención del yo crítico.

Mi amigo me telefoneó para decirme:

—Te va a encantar. Me he comprado varios cuadernos de rayas y tengo previsto escribir a mano. A ti te es de provecho escribir a mano. Creo que a mí también podría serme de provecho.

—Creo que sí —convengo. En mi experiencia, escribir a mano me permite hilvanar las ideas. Si mi amigo es capaz de confiar lo bastante en una idea inicial, escribir a mano le servirá para avanzar. En mi caso, desde luego que sí.

Se me ha ocurrido otra idea para motivar a mi amigo atascado, la cual verbalizo a pesar de su simplicidad. Le digo:

—Coge un bolígrafo y haz una lista del uno al diez. Termina esta frase de diez maneras diferentes: «De lo que realmente me gustaría escribir es…»".

Mi amigo resopla, escéptico, ante la idea de que un truco tan sencillo de hecho sea efectivo.

—Ahora elige una —continúo, indiferente a su renuencia.

—¿Así, por las buenas? —pregunta con incredulidad.

—Sí, por las buenas —respondo—. Escribir no tiene por qué ser difícil.

—¡Vaya, menuda idea! —exclama. Prácticamente alcanzo a oír desde el otro lado de la línea telefónica cómo se le activa el resorte de la escritura.

—Pues aprovéchala —le digo. Cuando colgamos, siento un optimismo prudente.

La honestidad

Para escribir se requiere valentía, no mucha, pero sí la suficiente como para decir: «Creo que voy a intentar escribir». Para intentar escribir se requiere osadía. Al fin y al cabo, existe el mito de que los escritores somos una minoría selecta. Mi experiencia —de cuatro décadas— me confirma algo bastante diferente. He sido testigo de cómo muchas personas medrosas se ponen a escribir, y con resultados maravillosos. Precisamente ayer recibí una nota: «Querida Julia, tengo sesenta años y acabo de terminar mi primer libro infantil. Que Dios te bendiga».

He llegado a la conclusión de que, del mismo modo que todos tenemos la capacidad de hablar, también tenemos la capacidad de escribir. Lo único que hace falta es voluntad para intentarlo. Para intentar acceder al mundo de los escritores únicamente se requiere una cualidad, y es la honestidad. Si nos ponemos a escribir con honestidad, será un buen comienzo. La honestidad requiere el deseo de que lo que escribimos cumpla un servicio. Esta postura propicia la humildad, y la humildad invita al lector a responder a nuestra franqueza. Cuando escribo, siempre me pregunto: «¿Estoy siendo honesta?», «¿Estoy siendo auténtica?», «¿Estoy siendo útil?». Responder afirmativamente a estas tres preguntas me proporciona un texto que supera el escrutinio. Lo mismo sucederá en tu caso.

Con demasiada frecuencia, el escritor novel formula las preguntas equivocadas, como «¿Soy brillante?», «¿Soy impresionante?», «¿Soy notable?». Al formular las preguntas equivocadas, nos empeñamos en escribir lo que imponen las exigencias del ego. Por el contrario, cuando dejamos a un lado el ego y nos esforzamos en ser honestos, lo que escribimos adquiere peso de manera natural, no forzada.

Ante la pregunta «¿Quién puede escribir?», encuentro que la respuesta es «Todos nosotros». Los escritores no son una minoría privilegiada, sino personas que se ponen a escribir con la intención de decir la verdad. Es el deseo de compartir impresiones lo que da voz a un escritor. Cuando tomamos la determinación de ser auténticos, nuestras palabras adquieren la pátina de la verdad, y es esta la que permite que el escritor conecte con el lector. La verdad es un bien al alcance de todos.

Nace con las páginas matutinas, donde expresamos —en privado— la verdad que albergamos en nuestro corazón. A medida que escribimos, cultivamos la honestidad. A medida que nos esforzamos en escribir con precisión, nos volvemos cada vez más honestos. Con el tiempo, esta honestidad plasmada en las páginas se refleja en nuestros proyectos. Nos expresamos con una honestidad rigurosa, con la que nos granjeamos la credibilidad de los lectores. Al compartir nuestra vulnerabilidad, nos ganamos el derecho a escribir, y lo que escribimos pone «en orden» nuestro mundo. ¿Acaso es de extrañar que me encante escribir?

LA VULNERABILIDAD

Esta noche hay luna llena, pero las nubes la ocultan. Una lluvia ligera cae contra las ventanas. Es una buena noche para quedarse en casa, pero estoy inquieta. Así que llamo por teléfono a una amiga.

—Julia, mi vida es muy aburrida —se lamenta mi amiga, una escritora cuya vida está lejos de ser aburrida. Ha escrito una docena de libros, todos interesantes, todos autobiográficos.

—Escribe acerca de ello —la insto—. Escribe acerca de tu aburrida vida —digo en tono burlón.

Existe el mito de que los escritores son personas duras, aceradas, invencibles. Sin embargo, nada más lejos de la realidad. Un buen escritor es una persona vulnerable que escribe, no desde una fortaleza invencible, sino desde la vulnerabilidad. Los mejores textos surgen del corazón, y el corazón es tierno. Cuando lo que escribimos se nos antoja insulso o mediocre, es porque nos resistimos a decir algo que consideramos indecible. Nos resistimos a mostrarnos vulnerables, a revelar los secretos del corazón.

Siempre que estamos dispuestos a expresarnos con total honestidad, lo que escribimos tiene «chispa». Al esforzarnos en abrazar una verdad incómoda, cultivamos la osadía. Al asumir lo que tal vez nos parezca —y a menudo es así— un gran riesgo, somos obedientes con nosotros mismos. Otra amiga mía, una respetada escritora, recientemente se puso a escribir, convencida de que su relación era aburrida, igual que su prosa. Más adelante, en su lucha por revelar una verdad inconfesable, escribió: «Echo de menos el sexo con chispa. Nos hacemos carantoñas, pero no hay pasión». El hecho de expresar su queja por escrito con honestidad le dio chispa a lo que escribía en vez de hacerlo tedioso.

Una segunda escritora escribió: «No me siento a gusto con mi peso actual. La ropa no me queda bien, y la imagen que tengo de mí misma ya no me parece glamurosa. Necesito perder diez kilos».

Otro escritor escribió: «Me temo que lo que escribo está trillado. No me atrevo a decir lo que siento realmente».

Lo que todos estos escritores tienen en común es la necesidad de ser más auténticos. Cuando se atreven a ser honestos, lo que escriben engancha, la convicción de que son aburridos desaparece. Lo único que se requiere es valor, pero el valor puede resultar difícil de encontrar. La privacidad de las páginas matutinas pro-

«Escribe lo que te perturba, lo que te atemoriza, lo que no has estado dispuesto a compartir. Muéstrate dispuesto a abrirte en canal».

NATALIE GOLDBERG

porciona valentía. Al mostrarnos honestos sobre el papel, aprendemos a ser honestos en el día a día.

Una hermosa mujer de sesenta y pocos años exclamó: «Julia, ¿quieres decir que se supone que tengo que escribir cómo me siento de verdad? Tengo dos diarios: uno público, en el que me muestro espiritualmente evolucionada e inspirada, y otro personal, que espero que sea destruido porque en sus páginas a veces me muestro mezquina y medrosa».

«Prueba a darle la vuelta a la tortilla —le aconsejé—. Atrévete a dejar que tu diario personal sea más público. A fin de cuentas, lo que estás confesando en él es la condición humana. Hacerte la santa cuando lo que sientes es todo menos eso hace que lo que escribes sea vacuo, y a eso es a lo que te refieres cuando te quejas de que es insulso».

Al poner por escrito cómo nos sentimos en realidad, nos abrimos, y, cuando nos abrimos, somos vulnerables. La pluma más exquisita revela la vulnerabilidad de la naturaleza humana.

La escritora A, que ya no se conforma con una relación en gran parte platónica, conoce a un nuevo y apasionado amante. La escritora B adquiere el hábito de dar largas caminatas en la cinta para estilizar su figura. El escritor C se atreve a expresar nuevas ideas e impresiones. La escritora D hace público lo que piensa en la intimidad. Todos estos escritores asumen el riesgo de confiar en el universo.

Al escribir desde la vulnerabilidad, los escritores encuentran la fortaleza: paradójicamente, la ternura nos empodera. El corazón humano, como revela la escritura, es un mecanismo delicado proclive al sentimentalismo y a los cambios de parecer. El corazón es abierto, admite contradicciones. El corazón no simula estar dotado de una fuerza sobrehumana, sino que, por el contrario, se manifiesta en la vulnerabilidad.

LA ANSIEDAD

El cielo está gris, no de un gris sereno, sino turbulento. Gris sobre gris, pendiente del tiempo. Se avecina tormenta, que avanza desde las montañas, a una altitud de 3960 metros, hasta aquí abajo, a 2377. Estoy ansiosa, a la espera de que estalle la tormenta. Ansiosa, me pongo a escribir.

La ansiedad es energía: energía acumulada. En la escritura, esta energía sirve de combustible. La sensación con la que se manifiesta la ansiedad es similar a la del miedo y, al igual que este, es un estímulo que nos impulsa a escribir. Así pues, empezamos con «Tengo ansiedad porque…». Sin embargo, la ansiedad es difícil de definir. Podemos sentirnos ansiosos, y a menudo lo hacemos sin motivo aparente. A diferencia del miedo, que es tangible, la ansiedad es una sensación vaga, abstracta. Y, por tanto, decimos: «Tengo ansiedad y no sé por qué». Ese reconocimiento es el primer paso en el camino de vuelta a la normalidad. Nos rendimos a nuestra ansiedad, más vale darse por vencido que oponer resistencia, lo cual no hace sino aumentar la ansiedad. Al fin y al cabo, la ansiedad es un estado de ánimo, y los estados de ánimo son temporales y pasajeros.

Ahora está lloviendo a mares, pero suena más fuerte que el habitual sonido metálico. Claro, es que la lluvia ha dado paso al granizo, que cae con estrépito. Ahora mi ansiedad tiene algo a lo que agarrarse. Un granizo del tamaño de canicas se mezcla con otro del tamaño de bolas de billar. ¿Se hará añicos alguna ventana? Estoy

ansiosa, y mi perrita también. Va disparada de una habitación a otra, en busca de un refugio tranquilo, pero
no hay ninguno.

«Lily, no pasa nada, estamos a salvo», le digo a ella
y a mí misma. Tan repentinamente como comenzó, la
granizada cesa. Un silencio sobrenatural embarga mis
sentidos. Espero en vilo a que comience a granizar de
nuevo, pero ha escampado. Despacio, con vacilación,
mi ansiedad empieza a remitir. ¿Habrá sido el tiempo
el verdadero detonante?

Me pongo a escribir, a describir la tormenta. Lo
hago deprisa, procurando aplacar mi ansiedad. Palabra
a palabra, gota a gota, mi estado de ánimo se sosiega.
Mi ritmo se ralentiza. Me pillo a mí misma echando
en falta la velocidad propia de mi ansiedad. Digo para
mis adentros que, desde el punto de vista creativo, la
ansiedad es mi aliada: una amiga incómoda, pero en
cualquier caso una amiga. Decido que la próxima vez
que me embargue la ansiedad, me pondré a escribir
en el acto aprovechando el combustible que me proporciona.

No tarda en presentarse esa oportunidad. A la mañana siguiente, el viento azota el pino piñonero, hace
traquetear mi ventana y define la magnitud de las cosas.
La naturaleza es más poderosa que yo. Mi hija, Domenica, ha fotografiado ramas de árboles caídas en Illinois.
Me ha llamado para decirme que estaban en alerta de
tornado. «¿Qué probabilidades hay de que sufran un tornado?», me he preguntado, asustada. Al ver las fotos,
he constatado que, efectivamente, el tornado se había
producido en las inmediaciones.

Aquí, en Nuevo México, el viento no sopla como
un tornado, pero sí con fuerza, y empuja las nubes de
tormenta montaña abajo. La pequeña Lily, sensible a las

inclemencias del tiempo, se esconde bajo mi mesa de despacho. Quiere estar cerca de mí; yo también quiero estar cerca de ella. Cada una se ampara en la presencia de la otra. Me pongo a escribir y recurro a un viejo truco: calmar mi ansiedad con una rima.

¿Es esto normal, esta tempestad?
Granizo, lluvia y viento… ¿cuándo escampará?

Encuentro que la rima me tranquiliza.

Lily, querida, acércate, mi vida.
La princesita, tan cuca y tan bonita.
Recuéstate, Lily, a mis pies.
Más dulce no puedes ser.

Y Lily se recuesta a mis pies, tan cuca y tan bonita. Sonrío por su obediencia a mis pequeñas rimas. Me pillo a mí misma pensando en mi amiga y colega, la poetisa Julianna McCarthy. Precisamente ayer, Julianna me reveló su fórmula para la felicidad: la gratitud y el sentido del humor. Si hoy me falta gratitud, me sobra sentido del humor.

¿Qué es eso tan ruidoso? ¡Es un oso!
No, es el viento, parece amistoso.
Ya amainará, pero podría nevar.
Al calor del hogar, no temo al vendaval.
Con mis pequeñas rimas me animo.
Al menos, pienso, no he perdido el estilo.

Así pues, me dirijo a la cocina, a calentar un guiso. Mi perrita viene a la zaga. Cuando me tome el guiso, ella se pondrá a masticar ruidosamente su comida. «La imitación es la forma más sincera de admiración». Cuando suelto el bolígrafo, se lanza a por él. Sí, es la perrita de una escritora, bromeo. Sus travesuras me hacen gracia. Ojalá ella fuera capaz de escribir, a lo mejor diría lo mismo de mí:

Este pequeño poema está dedicado a mi ama.
Sin ella, mi vida sería un drama.
Me da chuches, agua y comida
y, aunque parezca mentira,
me obliga a llevar un absurdo collar.
Aunque no soy ninguna escolar,
noto que necesita risa y diversión
y le proporciono un montón.
No temas nada, querida ama,
porque tu pequeña Lily te ampara.

Y, en efecto, Lily me ampara. El viento ha activado el sistema de alarma electrónica, que emite un fuerte pitido, y Lily se asusta. Yo también estoy asustada. Llamo a Nick, que vive a veinte minutos.

«Estaré ahí en veinte minutos», dice. Releo mis rimas mientras espero y me río ligeramente para mis adentros. Componer rimas ha calmado mi ansiedad una vez más. Fiel a su palabra, Nick llama a mi puerta al cabo de veinte minutos. Ha telefoneado a la empresa de seguridad, y, por lo visto, lo que había saltado no era la alarma, sino un detector de humos. Cuando se ha subido a una escalera para alcanzar el detector de humos, se ha dado cuenta de que el pitido procedía del detector de monóxido de carbono. Al desactivarlo, el pitido ha cesado. Tras bajarse de la escalera lo ha recibido Lily, agradecida. Ella, como yo, se ha sentido rescatada. Quizá lo suyo sería componer una rima de agradecimiento a continuación.

COMPONER RIMAS

Iba caminando en dirección norte, subiendo la pista de tierra que hay cerca de mi casa. Hacía un día apacible, y daba un tranquilo paseo hasta que, a un paso, estuve en un tris de pisar una serpiente. Estaba muerta, aplastada por un coche, pero eso es lo de menos: seguía siendo una serpiente, y me aterrorizan las serpientes. Di un respingo hacia atrás y puse pies en polvorosa. ¿Y si no estaba muerta? Di media vuelta y enfilé hacia mi casa. Crucé el jardín delantero en busca de más serpientes. Una lagartija pasó como una flecha junto a mi pie, pero las lagartijas no me dan miedo, solo las serpientes. Esa serpiente era plateada, del color de la muerte. Entré a toda prisa en casa, donde empuñé un bolígrafo y papel.
Escribí:

Oh, serpiente plateada, estoy atemorizada.
Me echo a temblar ante tu proximidad.

El pequeño pareado aplacó ligeramente mi miedo. Al fin y al cabo, si era capaz de escribir acerca de la serpiente, tenía cierto poder sobre ella. Escribir acerca de lo que me daba miedo hizo que se disipara mi temor. Esto se convirtió en una enseñanza para mí.
No a todo el mundo le dan miedo las serpientes, pero a todos nos da miedo algo. En el caso de mi amigo Bob, son los osos. Él veranea en plena sierra de la Sangre de Cristo, una región donde habitan osos. Por la noche, pertrechado con una potente linterna, traza

«Ser un artista significa no evitar tu propia mirada».

AKIRA KUROSAWA

un amplio arco sobre el camino mientras corre como
una exhalación del coche a su cabaña, temiendo que un
oso merodee en las inmediaciones. Las huellas de oso
que encuentra de día avivan su temor. No es cosa de su
imaginación: hay osos. Conocedora de su miedo, me
pongo a escribir para él.

> *Oh, oso imponente, he de hacerte frente.*
> *Mi linterna me alumbra en la penumbra.*
> *Tu ira esquivo cuando encuentro mi camino.*
> *Corro a mi morada, no estoy solo en la nada.*

Al igual que el poema de la serpiente, el del oso
disipa el miedo. Escribir es un arma poderosa, más poderosa que nuestros miedos.

Se ha avistado un puma cerca de la casa de un vecino, acechando sobre un muro de adobe, listo para
abalanzarse sobre su presa. Sigo el ejemplo de mi amigo Bob: llevo encima una potente linterna y enfoco su
haz de luz hacia la oscuridad. Ni rastro de felinos. A salvo en casa, escribo:

> *Un puma, estoy ojo avizor.*
> *Un puma, la idea me da pavor.*
> *Los dientes y las garras de ese felino*
> *me paran en seco en mi camino.*

Al componer la tonadilla, noto que me relajo. Me
encuentro a salvo en casa. Que el felino merodee por
el perímetro; yo no sufriré ningún daño. Y, por tanto,
digo: «Escribe acerca de tus miedos». Así pues, escribo.

> *Jamás en tu vida, si eres avispado,*
> *volverás a estar asustado.*

La próxima vez que te embargue la ansiedad intenta componer rimas: ya verás cómo contribuyen a aliviarla.

Los celos

Los celos son un mapa que nos indica —con una precisión lacerante— justo dónde y qué anhelamos. Que no te quepa la menor duda: los celos son un amigo sin tapujos que nos revela de forma clara e inequívoca la posición y los elogios que envidiamos. ¡Y qué mezquinos nos sentimos! Los celos oprimen el pecho, nos hacen un nudo en el estómago, nos provocan desasosiego. Nos desagrada sentir celos, aunque nos aseguren que son una emoción propia del ser humano. «Tal vez los tuyos —pienso—, pero no los míos». Mis celos son mi secreto vergonzante.

Odio reconocer —incluso para mis adentros— que soy celosa. En su esencia, los celos son una emoción punzante fundada en el miedo: miedo de que no haya suficiente abundancia para todos.

Sin embargo, la hay, a pesar de que los celos nos digan lo contrario. Originada por el miedo, esta emoción socava la autoestima. *Jamás* conseguiremos el objeto de nuestro deseo, nos dicen los celos, una palabra de mal agüero. «Si "eso" no ha ocurrido todavía, jamás ocurrirá», afirman los celos. En vez de motivarnos a tomar más iniciativas, los celos nos empujan a la desesperanza. En vez de instarnos a aceptar la demora de Dios, asumimos que se trata de la negativa de Dios, que otro ha ganado el premio, y nuestra envidia determina nuestra posición —inferior— en el tótem de la existencia. Los celos nos hacen perder la perspectiva, y, en lugar de ser conscientes de nuestros numerosos logros, nos centramos en los fracasos y percibimos una imagen de nosotros mismos en blanco y negro. Comparados con ese ilustre «otro», somos unos perdedores.

Los celos llevan anteojeras: en vez de apreciar la grandeza de la vida, estrechan las miras; en vez de ser conscientes de nuestros triunfos —a menudo muchos—, solo vemos las derrotas. «Y siempre será así», refunfuñamos. Pero ¿lo será?

Es posible canalizar los celos en beneficio propio. Después de todo, apuntan a la dirección que deseamos. En última instancia, los celos son un acicate que nos estimulan a esforzarnos más y no darnos por vencidos. A fin de cuentas, si nos esforzamos más puede que salgamos victoriosos. Al dejar de envidiar los logros del otro, ahora lo elogiamos como a un colega que incluso nos sirve de inspiración.

Una amiga mía lo plantea desde otra perspectiva. «Mis celos —explica—guardan relación con un hombre, no con el trabajo. Mirando en retrospectiva, agradezco no estar con quien yo creía que quería».

Por tanto, es posible —difícil, pero posible— ver la sabiduría de Dios en los deseos frustrados. Los celos pueden ser una oportunidad para el crecimiento espiritual. De hecho, siempre lo son, pues exigen honestidad, el reconocimiento de nuestros sueños y anhelos. Debemos reconocer nuestra ira al quedarnos rezagados. Los celos traen consigo el regalo del autoconocimiento. En resumidas cuentas, ¿tan malos son? Son dolorosos, sí, pero, como sostienen los eruditos, el dolor es la piedra angular del crecimiento espiritual. Los celos nos motivan a crecer.

LA HUMILDAD

Muchos estamos convencidos de que escribir es difícil debido a un arraigado mito. Esto se debe al deseo de escribir a la perfección, de una manera brillante e ingeniosa. Queremos escribir de tal forma que no sea necesario reescribir nada. Queremos impresionar a la gente con lo que escribimos, demostrar lo listos que somos. En definitiva, pretendemos que lo escrito cumpla todo tipo de propósitos excepto el suyo, que es comunicar. Cuando estamos dispuestos a escribir con un espíritu de servicio, el resultado se vuelve más claro, más convincente, más honesto. Muchos queremos sentirnos orgullosos de lo que escribimos, cuando lo que se requiere es humildad.

Bernice se enorgullecía de su ingeniosa pluma. Construía una frase tras otra haciendo gala de su magnífico talento. Imagina su angustia cuando le comenté que era demasiado inteligente, demasiado brillante, que lo que escribía provocaba rechazo en la gente en vez de despertar interés.

—Pero Julia —gimió—, me aplico en lo que escribo. Me siento orgullosa de ello.

—Precisamente ese es el problema —le dije—. Tu orgullo interfiere en tu comunicación. Me gustaría que hicieras un experimento. Intenta escribir con espíritu de servicio. Intenta dejar que un poder superior escriba a través de ti. Por probar no pierdes nada —la insté. Mi experiencia me había enseñado que cuando probase, funcionaría.

A regañadientes, de mala gana, Bernice hizo lo que le aconsejé. Para su sorpresa, el resultado mejoró: escribir no era cuestión de inteligencia, sino más bien de claridad.

«Nunca hice exactamente un libro. Es más bien como tomar un dictado. Me dieron cosas que decir».

C. S. LEWIS

—Vaya, Julia, esto es mucho más fácil —confesó Bernice.

—Eso es porque ya no aspiras a que lo que escribes tenga dos propósitos: comunicar e impresionar.

Paradójicamente, los nuevos textos de Bernice eran impresionantes.

Cuando escribimos con espíritu de servicio, nos comunicamos con claridad. Cuando escribimos con orgullo y ego, intentando hacer gala de nuestra inteligencia, nuestro estilo se vuelve más superficial y manipulador. ¿Acaso es de extrañar que nuestros lectores sientan rechazo? Cuando tenemos la humildad de centrarnos en «tomar nota de algo» en vez de «inventar algo», lo que escribimos resulta fácil de comprender, se asemeja a una conversación. Escuchamos y anotamos lo que «oímos». Empezamos a experimentar la escritura «a través de nosotros». Al igual que Bernice, nos convertimos en un canal —o, lo que es lo mismo, en un medio— a través del cual la escritura fluye libremente. Cuando practicamos el arte de escuchar, sin duda nos abrimos más, desarrollamos la capacidad de percibir aquello que desea ser escrito. Cuando escuchamos, nuestra escritura adquiere peso.

La escritura se beneficia de la claridad, y la claridad nace de la humildad. Despojados de ego, lo que escribimos se vuelve accesible, sentido. Sin embargo, puede que para escribir con el corazón en vez de con la cabeza sea necesario hacer acopio de toda nuestra humildad, pues, a menudo, el ego se niega a claudicar. Los escritores noveles con frecuencia se esfuerzan en hacer gala de su «inteligencia», y, sin embargo, resulta contraproducente.

La buena escritura es la escritura clara, y la claridad entraña simplicidad. Cuando tratamos de alardear de «inteligencia», lo que escribimos a menudo adquiere una complejidad innecesaria, lo cual provoca el desconcierto de los lectores respecto a nuestras verdaderas intenciones. La buena escritura es fácil de comprender. La simplicidad deja claras nuestras intenciones, por lo que los lectores saben perfectamente de qué estamos hablando. Cuando escribimos con sencillez, escribimos bien.

Resulta paradójico que a menudo nos flagelemos por ser «demasiado simples» cuando, en realidad, es todo lo contrario. Hacemos gala de nuestra inteligencia: nos las damos de intelectuales y realzamos nuestras ideas con cursilerías superfluas, ¡como acabo de hacer! Movidos por el ego, a lo mejor deseamos alardear sobre el papel, hacer ostentación de ingenio y erudición. Esa actitud impostada, sin embargo, en realidad es un obstáculo para la comunicación. Alardear de inteligencia no nos beneficia.

Los hechos narrados con claridad son mucho más convincentes. Cuando escribimos con sencillez, escribimos bien.

LA PACIENCIA

El día está nublado, se avecina lluvia. No se distinguen las montañas. Me pongo a escribir, con el deseo de poder hacerlo más deprisa, con el deseo de que la lluvia no se demore. Estoy impaciente. Me da la sensación de que llevo mucho tiempo escribiendo este libro. Las páginas se van acumulando despacio, pero a un ritmo constante. Sigo mi propio consejo y me pongo el listón bajo. «Sin prisa, pero sin pausa —le recuerdo a mi corazón impaciente—. Despacito y con buena letra. Afloja el ritmo». Así pues, lo hago.

A lo largo de mis muchos años en el oficio, he aprendido que la paciencia es una virtud necesaria para un escritor. He aprendido que ir despacio me resulta más beneficioso que ir deprisa. Cuando era joven, me precipitaba y agotaba mi pozo interior. Mi escritura se resentía; era rauda, pero también mediocre y forzada. Las revisiones, a menudo exhaustivas, se hacían necesarias. La prisa no me beneficiaba.

Qué alivio sentí cuando aflojé el ritmo. Escribir a mano era más lento que teclear en el ordenador, pero la calidad de mi estilo mejoró. Mis primeros borradores dejaron de ser mediocres y forzados, tenían jugo. Alentada por el famoso editor Arthur Kretchmer —«Ponlo, ponlo todo»—, empecé a incluir detalles que antes había obviado por mi excesiva precipitación. Las revisiones, aunque aún necesarias, se volvieron más someras. No había tanto que pulir.

Escribir a mano se convirtió en un hábito. Encontré que una palabra daba pie a la siguiente. El goteo de palabras se convirtió en un flujo constante, fluido y contundente. En vez de ir con la lengua fuera, me entretenía en recrearme en los detalles. Escribir dejó de ser una carrera contrarreloj para convertirse en un paseo en el que cada paso, cada palabra, contaba. A medida que acumulaba años y libros, cultivé la paciencia. La experiencia me enseñó que la paciencia me beneficiaba. Mi impaciente corazón aprendió a calmarse, y descubrí que mi ritmo lento y constante daba sus frutos. Pasaba de un proyecto a otro sin el agotamiento que conllevaba el esprint final.

Ahora podría desear ir más deprisa, pero la disciplina me dice que vaya despacio. En este libro estoy escribiendo a mano un promedio de tres páginas al día. En el punto intermedio hago una pausa para felicitar-

«Una palabra, tras otra
palabra, tras otra palabra
es poder».

Margaret Atwood

me a mí misma por lo que he avanzado. A un ritmo lento y constante, he puesto por escrito lo que sé acerca de la escritura.

Una palabra tras otra, un pensamiento tras otro, la escritura refleja nuestra experiencia. La escritura, el néctar de nuestra esencia, no se merece que se la apremie. Al escribir las páginas matutinas a diario, aprendemos a transcribir cada pensamiento tal y como nos viene a la cabeza. Al escribir nuestros proyectos, encontramos que avanzamos con un pensamiento tras otro. Ejercitamos la paciencia, aguardamos a que aflore cada idea. Nuestra escritura se colma, casi literalmente, de pensamientos. Nuestra prosa adquiere más riqueza. La paciencia es la clave de la escritura exquisita. Me encanta escribir, y la paciencia me ha enseñado a saborear el proceso.

La disciplina

Mis páginas matutinas registran el tiempo. Al despertarme, el cielo derrama una lluvia gélida sobre el flanco montañoso. Lily está ansiosa por salir a pasear, pero el día no acompaña para nuestra salida habitual. Enciendo la calefacción para combatir el frío; la caldera emite un ruido sordo y apagado. Me pongo a escribir.

«Si tuviera disciplina, sería escritor», me dicen a menudo. Una vez más, esta idea tiene su origen en los mitos acerca de la escritura. Pensamos que escribir es difícil y que se necesita «disciplina» para ponerse manos a la obra. Aquí nos enfrentamos, una vez más, al perfeccionismo: a la creencia de que tenemos la obligación de crear algo impecable. Pero ¿y si nos relajamos un poco y nos lo tomamos como una *práctica*?

¿Y si la escritura es algo que conviene plantearse de una manera más informal, como una cita diaria, un encuentro con un amante, para abrazarla con entusiasmo? Si la escritura es una práctica diaria, algo que se hace por pasión, entonces la idea de la disciplina desaparece. Estamos deseando que llegue nuestro encuentro clandestino, no como una obligación, sino como un placer.

«Julia —dice Carl—, yo pensaba que escribir era difícil, algo que era conveniente abordar con seriedad, y ahora me cuentas que es posible hacerlo de una manera más fácil, encarándolo con tanto disfrute como rigor?».

Sí, considero que la escritura es un proceso placentero. Un día cualquiera podemos decidir escribir páginas matutinas. Esta decisión fomenta la autoestima y produce satisfacción. Sí, somos más felices cuando escribimos. ¿Acaso es de extrañar que me encante escribir?

«Ponlo por escrito», decimos para nuestros adentros, y el hacerlo nos resulta placentero. A pesar de que el mito habla de disciplina, nuestra experiencia habla de placer. Escribir es una travesura; hay algo rayano en el regocijo al poner por escrito los pensamientos. El entusiasmo, al fin y al cabo, entraña buen ánimo, mientras que la disciplina entraña rigor. Aquí es donde entran en escena, una vez más, las páginas matutinas. Escribimos las páginas al despertarnos, y las propias páginas nos despiertan aún más. La práctica de las páginas matutinas agudiza el ingenio. Cuando llega la hora de retomar la «auténtica» escritura, lo hacemos con ganas. Nuestras ideas fluyen con libertad; somos diestros sobre el papel. A fin de cuentas, escribir es una muestra de fe en nosotros mismos y en nuestras ideas.

«Los novatos esperan sentados a que les llegue la inspiración; los demás directamente nos ponemos a trabajar».

STEPHEN KING

«Julia, haces que parezca muy fácil», rezongan a veces mis alumnos. Es que es fácil. Con la práctica de las páginas matutinas hemos aprendido que es posible escribir con independencia de nuestro estado de ánimo. Aprendemos que es posible hacer arte cuando nos sentimos desmotivados. Hay una simple pregunta que podemos plantearnos: «¿Estoy siendo honesto?». La honestidad propicia las dotes artísticas. Los pensamientos fluyen cuando nos permitimos escribir con honestidad sin más. Ponemos por escrito nuestras ideas conforme nos vienen a la cabeza, sin esfuerzo, sin agobios, sin inquietud. Confiamos en nuestro primer pensamiento. Nos alegramos de pensar con claridad.

Lily se sienta junto a mi silla y se queda mirándome con toda la intención, como preguntando «¿Podemos irnos ya?». Va en busca de su correa y, conmovida por su entusiasmo, le prometo que vamos a dar un corto paseo y que después nos secaremos con una toalla y nos echaremos una siesta junto al fuego. Como en el caso de la escritura, es el disfrute, no la disciplina, lo que nos motiva a salir a la intemperie, a ponernos en marcha.

LA CRISIS DE AUTOESTIMA

Las nubes que pasan motean de sombras la ladera de la montaña. En un momento dado hay luz e, instantes después, se oscurece. Eso me lleva a pensar, una vez más, en la manera en que nuestro estado de ánimo ensombrece lo que escribimos y nos empuja a creer en un primer momento que es terrible y acto seguido que es magnífico. Cuestionar el veredicto que se emite requiere práctica. En este preciso instante, un gigantesco nubarrón se cierne en lo alto y oscurece la montaña entera. Un recuerdo sombrío me viene a la cabeza.

En mi juventud fui columnista para el periódico *Los Angeles Herald Examiner*. Era un trabajo de prestigio del que disfruté enormemente… salvo por una cosa. Cada vez que iba a la redacción para entregar un encargo, sufría un episodio de lo que yo llamo «crisis de autoestima»: me atemorizaba que prescindieran de mí con el argumento de que era «demasiado joven» para ser una verdadera escritora, y mucho menos columnista. Desde un punto de vista racional, mis temores eran infundados, pero muy reales. En el trayecto en coche desde West Hollywood al centro de Los Ángeles, ensayaba un discurso en mi defensa, lista para pronunciarlo a mi llegada. Ni que decir tiene que nunca fue necesario.

En los años transcurridos desde mi época de columnista he aprendido que la crisis de autoestima es una ladina enemiga. He escrito muchos libros, pero con cada uno sufro un ataque por parte de Nigel. Cuando entrego los manuscritos a mi editor, «oigo»: «No es lo bastante bueno. ¿Quién va a querer leerlo?». No sirve de nada tener presentes mis éxitos anteriores. El ataque carece de lógica: se lanza directamente a la yugular de mi creatividad y siempre saca a relucir la absoluta futilidad de mi valía y de mi trabajo.

No soy la única que sufre crisis de autoestima. Mi amiga y colega Sonia Choquette también se ve asediada por este monstruo. Ella ha escrito una docena de libros y cuenta con un buen número de fieles seguidores. Y, sin embargo, cada vez que termina un manuscrito, sufre un episodio de depresión y desesperanza. Yo soy una de sus primeras lectoras, y me entrega los manuscritos con una temerosa advertencia: «Creo que no es muy bueno». Pero sus libros *sí* son buenos. Ella siempre cuestiona su valía.

Otra escritora y amiga sufre tremendamente este síndrome. Cada vez que acaba un libro, se sume en la desesperación. Realiza las entregas esperando recibir el hachazo. Cada lector se convierte en un verdugo: «Que le corten la cabeza». Pero la ejecución no se lleva a cabo. Lo que escribe es bueno, y, como ella me dice: «Ojalá pudiera confiar en mi talento». Cuando un agente literario acepta su libro, se queda a la espera de las críticas y, convencida de que serán malas, sufre una crisis de autoestima. Aunque el sentido común y una docena de éxitos previos la llevarían a tener confianza, es incapaz. Sin embargo, su prosa tiene peso.

La crisis de autoestima desafía la lógica… y el pasado. No solo es irracional, sino feroz: un auténtico monstruo. Digo «monstruo» a sabiendas de que suena dramático, pues el ataque es dramático, y hacer frente al asalto requiere coraje. Hemos de repetirnos: «Lo que escribo es bueno».

El nubarrón se desplaza hacia la cima de la montaña y luego más allá. La luz ilumina el flanco montañoso y me recuerda que, cuando la crisis de autoestima me oscurezca el día, «esto también pasará».

PEDIR ORIENTACIÓN

Una media luna ilumina el cielo nocturno. He sacado a pasear a Lily tarde, justo cuando estaba anocheciendo, y el crepúsculo imprimía una tonalidad fosforescente a su pelo blanco. De vuelta al calor del hogar, se ha despatarrado en el sillón de dos plazas, decidida a hacerme compañía. Tiene un carácter angelical, alegre y al mismo tiempo empático. Esta noche nota mi melancolía y hace lo posible por animarme. Cuando me pongo a escribir, me acaricia con el hocico, alentándome a dejar que fluyan las palabras. Quiero escribir sobre fuerzas superiores, esas energías que escriben a través de mí. Escribo «P. J.», las iniciales de «Pequeña Julia», y formulo mi pregunta:

P. J.: Fuerzas superiores, ¿puedo recibir orientación?

Entonces, atiendo y escucho: «Pequeña, vas por buen camino. No hay errores en tu senda. Se te guía con prudencia por el buen camino», a modo de bienvenida. A continuación pregunto: «¿Quiénes sois?», y oigo: «Pequeña, preferimos seguir manteniéndonos en el anonimato».

«¿Sois ángeles?», insisto.

«Pequeña, poco importa cómo nos denomines. Basta con que sepas que somos, como intuyes, seres bondadosos y poderosos que te desean un gran bien».

Así pues, respetando su deseo de privacidad, me dirijo a estos seres benévolos simplemente como «fuerzas superiores». Al invocarlas así, me responden enseguida. Me llaman «pequeña», un término cariñoso.

Su serena sabiduría es, sin embargo, específica. Abordan sin ambages los temas que saco a relucir. Cuando les digo que soy remisa a dirigirme directamente al gran creador, lo entienden. Me dicen que también les impone dirigirse a lo divino. Para ellas, mi renuencia es comprensible; ellas mismas la sienten en cierto modo.

Todos los días ruego a estas fuerzas superiores que me orienten. En la mayoría de las ocasiones les pido ayuda a través de lo que escribo.

P. J.: ¿Podéis orientarme acerca de qué escribir?

Responden: «Pequeña, no temas que se te agoten las ideas. Te proporcionamos palabras y pensamientos». Y así es. Se me guía, tal y como prometen, «con prudencia por el buen camino».

Me pongo a escribir a ciegas, siguiendo sus directrices, una palabra tras otra, un pensamiento tras otro. Lo que viene después no es de mi incumbencia, únicamente lo que viene ahora. «No hay necesidad de agobiarse», me indican, así que procuro confiar sin más. Pregunto, como hago ahora: «¿Qué más es necesario que diga?».

La respuesta llega enseguida: «Di a la gente que somos dignas de confianza. Pídeles que prueben a dejarse orientar por nosotras».

Así pues, debo decir que las fuerzas superiores me han demostrado que son dignas de confianza. Yo misma he probado a dejarme guiar por ellas y he encontrado que son fiables. Me han marcado un camino seguro. Me han dicho: «No pongas en duda nuestra bondad». En pocas palabras: «Todo está bien».

El silencio

Sopla un fuerte viento procedente de las montañas. Mi pino piñonero se balancea de un lado a otro. Me acurruco en el sofá de dos plazas. Está anocheciendo y la penumbra hace que el viento parezca más siniestro si cabe. La pequeña Lily ya se ha ido a dormir; las inclemencias del tiempo la afectan. Sentada, bolígrafo en mano, me dispongo a escribir buscando orientación y oigo: «Se te guiará», pero nada más. El conducto de la chimenea, sacudido por el viento, hace ruido. Yo también me siento sacudida, y deseo recibir directrices más específicas.

Agradezco que el sonido de mi teléfono me distraiga del tiempo. Me llama mi amigo Ed Towle, aislado en Santa Mónica.

—¿Cómo llevas la escritura? —me pregunta.

—No me preguntes.

—Vaya.

—No tengo ni idea de qué escribir esta noche.

—¿De modo que tu orientación es una página en blanco?

—Exacto.

—Pues escribe sobre eso. Que has estado recibiendo una gran cantidad de inspiración, y de repente se ha agotado. ¿Y qué haces? ¿Es como cuando falla la conexión a internet? En ese caso, ¿puedes aparcarlo y retomarlo más tarde?

Ed se ríe entre dientes de su propia analogía. En efecto, la inspiración es como internet: te conectas y recibes información de una fuente misteriosa. Como internet, es un milagro de comunicación superior, siempre disponible hasta que, de pronto, deja de estarlo.

Antes de que Ed, rebosante de alegría, llamara, yo estaba de ánimo taciturno. Al escribir en busca de ayuda, oí: «Se te guiará». El optimismo que transmitía me pareció demasiado bueno para ser cierto, de modo que volví a preguntar: «¿Qué debería escribir?». Mi invocación tuvo un silencio por respuesta. Y entonces Ed me llamó por teléfono y me sugirió que escribiera sobre mi página en blanco, de modo que eso es lo que estoy haciendo ahora: relatar una experiencia de silencio, una experiencia que tal vez sea habitual entre mis lectores, una experiencia que Ed ha vivido.

La luna, en fase menguante pero aún luminosa, tiñe las montañas de una oscura pátina argéntea. Rezo al creador de la luna, le pido que me marque ligeramente el rumbo. Me alecciono a mí misma pensando: «A veces el silencio es oro. Relájate».

Así pues, trato de relajarme confiando en que la inspiración, como en el caso de internet, que falla breve y misteriosamente, vuelva enseguida.

Procuro no dejarme llevar por el pánico, pero la «página en blanco» me provoca ansiedad. Estoy acostumbrada a que la inspiración funcione a modo de guardarraíles, manteniéndome en un camino recto y estrecho. Con su orientación me siento segura, guiada y protegida mientras avanzo alegremente. Puede que parezca demasiado «místico», pero a mí me funciona.

El viento está amainando. El tubo de la chimenea ya no hace ruido. El teléfono vuelve a sonar; esta vez es mi hija, Domenica. Al decirle que estoy inmersa en el silencio, me comenta: «Es como una búsqueda espiritual. A veces debes tener fe en la falta de pruebas. —Tras una pausa, añade—: En un camino espiritual, siempre se producen estos lapsos de silencio. Jesús, Buda…, todos los tuvieron. El mensaje es que a veces es conveniente el silencio. —Domenica habla en un tono reflexivo y apesadumbrado. Continúa—: Nunca me gustó lo que yo considero la espiritualidad de Los Ángeles, en la que el buscador afirma: "Siempre se me guía". A mí eso me parece falso, presuntuoso, artificial, desacertado. Según mi experiencia, la inspiración viene y va, y el hecho de que se vaya es inherente al camino espiritual».

Yo valoro el criterio de mi hija. Siento que sus comentarios me tranquilizan. Así pues, es normal perder el rumbo a veces: normal y de esperar.

A pesar de tener presente esto, no puedo resistirme a pedir inspiración una vez más. «¿Por favor, puedo recibir orientación?», pregunto al éter. Afortunadamen-

«Escribir es un acto de fe, no un truco de gramática».

E. B. WHITE

te, oigo una respuesta: «Pequeña, todo está bien». Eso es todo, pero es suficiente. Guardo el bolígrafo y el papel. Mañana escribiré de nuevo.

Los cambios de géneros literarios

Otro día encapotado, con nubes que presagian tormenta. Es la época del monzón en Santa Fe, y hay repentinos chubascos todos los días, a media tarde. El desasosiego de la pequeña Lily crece conforme se aproxima la lluvia. Ella, igual que yo, prefiere los días soleados. Como hoy no tenemos esa suerte, enciendo las luces. Ahora veo mejor para escribir, y eso es lo que voy a hacer. El tema del día: los cambios de géneros literarios.

Al echar un vistazo a mi bibliografía, se ve que he escrito en multitud de géneros: novela negra, comedia romántica, libros de oraciones, obras de teatro, colecciones de relatos breves, manuales de autoayuda… He escrito por pasión, saltando de un género a otro, teniendo poco en cuenta el peligro que supuestamente entraña cambiar de género literario. Por regla general, escribo a mi aire sin contrato previo, y de los libros que he terminado se han vendido todos menos dos. No he jugado sobre seguro, ciñéndome a un género, intentando asegurarme el éxito, sino que me he dejado llevar por mi inspiración y he escrito lo que desea ser escrito. Esto ha mantenido la frescura del oficio para mí. Cada libro ha tenido su propia trayectoria.

«Julia, eres muy osada», me reprochan a veces. Pero el hecho de dejarme llevar por mi inspiración no me parece una osadía, sino más bien obediencia, al escribir en la dirección que mi musa me ha marcado, siguiendo los derroteros de la imaginación. Dicha obediencia aporta felicidad. Pienso: «¡Sí! Me encantaría probar eso», y lo hago. Mi novela negra *The Dark Room* trastocó completamente un intenso periodo de docencia. Mi musa estaba haciendo de las suyas, arrojaba oscuridad en vez de luz. Librarme por los pelos de santa Julia supuso un cambio de tempo y de ánimo, no quería encasillarme. Me sentía eufórica. Después de la novela negra, me pasé a la comedia romántica. Mi musa estaba cansada de oscuridad y necesitaba risas. *El fantasma de Mozart* me las proporcionó en abundancia. Me encantó escribirla; a menudo me mondaba de risa con las locuras de mis personajes.

De la novela pasé a las obras de teatro, y de estas a los libros de enseñanza. Cada género satisfacía una inquietud diferente. *The New York Times* me apodó «la reina del cambio». Acepté esa distinción gustosamente, la colgué en mi página web —juliacameronlive.com—, donde se menciona que trabajo en multitud de géneros, de obras de teatro a poesía, de musicales a música. Sé que hay quienes desaconsejan pasar de un género a otro, partidarios del más vale prevenir que curar, pero, según mi experiencia, lo que escribes conserva la frescura cuando te dejas llevar por la musa y no por el mercado.

ESCRIBIR A MANO

Cae la noche. Está oscureciendo. Una luna creciente asoma sobre las montañas. Deslizo la mano sobre la página conforme hilvano un pensamiento con otro. Esa es la magia de escribir a mano: avanzo con cada trazo del bolígrafo. Estoy escribiendo este libro a mano, un ensayo tras otro. También escribí a mano *El arte de es-*

cuchar y *Seeking Wisdom.* Me siento cómoda escribiendo a mano, y espero que esa comodidad se refleje sobre el papel.

La de esta noche es una fina luna creciente, la de los nuevos comienzos. Empiezo este ensayo hablando sobre la luna, con la esperanza de que, al igual que esta, este ensayo alcance su plenitud. Quiero que sea especialmente convincente. Creo con firmeza en la escritura de puño y letra, y quiero que esa creencia sea contagiosa. Sí, lo sé, en el ordenador se escribe más rápido, pero no pienso que la rapidez sea lo que perseguimos. Lo que todos buscamos es profundidad y autenticidad: queremos transcribir los pensamientos al pie de la letra, y escribir a mano hace que eso sea posible. Pongamos que la cuestión es cómo nos sentimos en lo que respecta a X. Al teclear, podríamos decir: «Me siento bien en lo que respecta a eso». Al escribir a mano, nos da tiempo a preguntarnos: «¿Qué quiero decir con "bien"?». A lo mejor descubrimos que nos sentimos muy bien, o en realidad no tan bien. «Bien» es un término vago, y los verdaderos sentimientos son específicos. Sobre el papel nos volvemos específicos. Nos atrevemos a expresar con precisión lo que sentimos. La escritura a mano se acompasa al ritmo de los pensamientos. Ni nos adelantamos ni nos quedamos rezagados. La mano marca el ritmo, a menudo nos revela qué hemos de escribir a continuación. Nuestros proyectos se despliegan. Bolígrafo en mano, conectamos con nuestro yo superior, con esa chispa intuitiva que nos guía. Se nos guía con prudencia por el buen camino. No hay errores en nuestra senda.

Con las páginas matutinas aprendemos a seguir el hilo de los pensamientos. Las páginas matutinas reflejan nuestro flujo de consciencia. Hilvanamos un pensamiento con otro y descubrimos una habilidad aplicable a otros ámbitos. Las páginas matutinas nos preparan para trabajar en los proyectos. Aguzamos el ingenio, pasamos con soltura de un pensamiento a otro. Escuchamos con un oído interior que nos guía. Escribimos lo siguiente sin dudar de nosotros mismos. No hacemos pausas mentales de cigarrillo. Muchos de nosotros comprobamos que, aflojando el ritmo, en realidad cunde más. Nuestras páginas manuscritas se van acumulando.

Los borradores escritos a mano tienen coherencia: la claridad de ideas a menudo es un beneficio inesperado. Es como si, al escribir a mano, fuese imposible mentir. Escribir a mano propicia una mayor honestidad, mientras que en el ordenador podríamos andarnos por las ramas. Tomar plena conciencia de nuestra naturaleza de escritores fomenta una escritura más genuina. Esta honestidad nos conecta con los lectores, que perciben la autenticidad de nuestro trabajo. Nuestra vulnerabilidad suscita interés.

La psiquiatra Jeannette Aycock, que reside en Manhattan, es partidaria de escribir a mano las anotaciones que realiza acerca de sus clientes para ser más precisa. «Ya llevo ejerciendo la psiquiatría treinta y seis años, y siempre he escrito a mano. Al escribir a mano, incluyo detalles que podrían pasárseme por alto si escribiera con un teclado. —Aycock se lleva la mano al corazón—. Al escribir a mano, describo el aspecto del paciente, el ambiente que se respira durante la sesión… Al escribir a mano, conozco más a fondo a mis pacientes. Los conozco hasta aquí… y luego hasta aquí —dice, y hace un ademán con la mano en alto—. Tomo muchas notas —explica—. No se me pasaría por la cabeza utilizar el ordenador. Es demasiado impersonal».

Al tratar de conectar en vez de aislarnos, nos damos cuenta de que la escritura a mano nos resulta tan terapéutica como a la facultativa. Al igual que ella, descubrimos que lo que escribimos se vuelve más específico. Ahora mismo describo una tímida luna creciente con un reflejo plateado en una noche negra como el azabache.

La sincronía

«Si escribís las páginas matutinas, experimentaréis la sincronía —les digo a mis alumnos—. Os encontraréis en el lugar adecuado y en el momento justo, en una concurrencia de circunstancias fortuitas que parecen algo más que meras coincidencias. La sincronía es la misteriosa confluencia de nuestro mundo interior y el exterior».

Escribimos: «Creo que debería tener un perro para que me haga compañía» y, justo al día siguiente, nos enteramos de que hay un perro callejero que necesita un buen hogar. Escribimos: «Ojalá hablara un idioma extranjero», y vemos una nota en el tablón de anuncios de la tienda donde se ofrecen clases de italiano de nivel básico, precisamente el idioma que más nos apetecía aprender.

Al escribir las páginas matutinas, expresamos el universo de nuestros sueños, deseos y anhelos. El universo, a su vez, se dispone a hacerlos realidad. Es como si hubiéramos realizado un pedido de comida para llevar y solo fuese necesario ir a recogerla.

Cuando escribimos, nos abrimos a fuerzas superiores. Tenemos corazonadas y presentimientos que nos indican el camino correcto. En un primer momento, tal vez desconfiemos de dichas señales espirituales, pero, a medida

«¿Cómo voy a saber lo que pienso hasta que no vea lo que digo?».

E. M. FORSTER

que continuamos escribiendo, la intuición se convierte poco a poco en un elemento activo de la mente.

A veces tratamos de encontrar una explicación lógica a la información que estamos recibiendo, ya que nos parece disparatada. Nuestra mente racional ansía información lógica. Sin embargo, la lógica no lo es todo, pues hemos de aprender a dejarnos guiar por lo que, de primeras, carece de sentido racional. Al principio, quizá sintamos renuencia. Acostumbrados a confiar en la lógica, nos cuesta dejar a un lado el raciocinio en aras de la intuición. Sin embargo, cuando recorremos el camino de la escritura diaria, nuestras corazonadas se vuelven cada vez más recurrentes. Cuando reaccionamos ante esas corazonadas, afianzamos el paso en el camino espiritual.

Michael escribió en sus páginas matutinas que anhelaba hacer películas. «Pero soy demasiado viejo y es demasiado tarde», se reprochó a sí mismo. Sin embargo, no era el caso. En el periódico del fin de semana vio un anuncio de un taller básico de dirección de cine para adultos. Le entusiasmó saber que el precio entraba dentro de su presupuesto. Telefoneó al número que aparecía y reservó una plaza. El profesor le aseguró que no era demasiado mayor para aprender técnicas de dirección de cine.

«No me lo puedo creer —me dijo Michael—. En cuanto tuve claro mi deseo, se cumplió».

Muchas veces los alumnos me comentan que la sincronía se produjo en circunstancias inverosímiles a simple vista. Carla anhelaba escribir un libro sobre su experiencia en enfermería clínica. Sentía que le resultaría bastante edificante, solo que el miedo a escribir la frenaba. Cuando se aclaró las ideas, llegó a la conclusión de que lo que quería era un *coach*. El siguiente servicio que le asignaron fue cuidar de una editora jubilada que estaba buscando alguna labor significativa para realizar en su jubilación. La editora pensó que la idea del libro de Carla merecía que le dedicara su tiempo y atención. He aquí un caso de sincronía en el que confluyeron los sueños de dos personas. Carla quería escribir un libro, y la editora deseaba emprender un proyecto.

Existe una relación directa entre la parte intuitiva de nuestra mente y nuestro yo superior. La información que recibimos a menudo es un atajo para cumplir nuestros sueños y objetivos. Abrirnos a este poder superior es un acto de fe. Poco a poco llegamos a confiar en la voz de nuestra intuición cuando nos habla. Todas esas «sensaciones extrañas», pálpitos y corazonadas nos marcan el rumbo. Se nos guía con prudencia por el buen camino. No hay errores en nuestra intuición.

«Julia —me reprochan a veces—, la sincronía es como la suerte».

Es que la sincronía es suerte, respondo. Pero es una suerte que uno se labra para sí mismo a través de la escritura. Yo animo a mis alumnos a que procuren expresar por escrito sus anhelos con precisión, a estar alertas a los «golpes de suerte». Muchos sueños relacionados con la creatividad se hallan al alcance de la mano una vez que aceptamos la idea de que el universo es una fuerza benévola dispuesta a hacer realidad nuestros deseos. A menudo, lo único que hace falta para experimentar la sincronía es desterrar el escepticismo. Cuando aprendemos a confiar en la sincronía, nos damos cuenta de que es posible experimentarla de infinidad de maneras, a gran y a pequeña escala.

A sus cuarenta años, Alan soñaba con matricularse en Harvard para sacarse una licenciatura. Cuando se decidió a solicitar plaza, se cumplió su sueño de ser aceptado. Su sincera carta de solicitud coincidió con una reciente disposición del comité de admisión en la que manifestaba su deseo de abrir las puertas de su prestigiosa institución a estudiantes mayores.

«Las páginas matutinas me instaron a solicitar plaza. Dejé a un lado mi escepticismo y escribí a la universidad de mis sueños. Para mi gran sorpresa, se tomaron en serio mi carta y me dieron una plaza. Me puse eufórico, y encontré que mi gratitud por la oportunidad que se me había concedido me infundió tesón en mis estudios».

A menudo me cuentan historias como la de Alan. He llegado a la conclusión de que la sincronía es algo con lo que se puede contar.

ESCRIBIR PARA ENTENDER LA VIDA

Comienzo el día con una agradable llamada de mi amiga Judy Collins. «Estoy de gira y escribiendo —comenta con voz cantarina—. Me siento agradecida». A sus ochenta y dos años, Judy tiene la energía y el empuje de alguien mucho más joven. Da conciertos prácticamente un día sí y otro no, a lo largo y ancho de Estados Unidos y Europa. Su voz es tan clara y pura como los ríos de las Montañas Rocosas de su infancia. Escribe con la misma asiduidad que canta: once libros hasta la fecha, y usa la escritura como camino espiritual.

Escribir es una manera de entender la vida. Las emociones intensas se benefician de la escritura, aunque al principio pueda parecer lo contrario. Decimos adiós con las emociones a flor de piel a una pareja a la que no volveremos a ver hasta dentro de muchos meses. Al ponernos a escribir, analizamos nuestros sentimientos. Por un lado, estamos contentos por la gran aventura que ha emprendido nuestra pareja, y, por otro, ya echa-

«Los verdaderos alquimistas no transforman el plomo en oro, transforman el mundo en palabras».

WILLIAM H. GASS

mos de menos a nuestro amado compañero. Una vorágine de sentimientos encontrados remueve nuestra consciencia. Al principio, nos embarga un sentimiento de pérdida, nos conmueve todo lo querido y conocido. Pero ¿qué es esto? A continuación sentimos ira. ¿Cómo se atreve nuestra pareja a dejarnos solos y abandonados? Ahora estamos enfadados con nosotros mismos. Nos sentimos inseguros, dependientes, desvalidos.

«Para empezar, no debería haberme encariñado —nos reprochamos y, acto seguido, en contraste, pensamos—: Es bueno haber amado, y habrá otros amores». Lo que comenzó siendo un cúmulo de ideas confusas se resuelve en un único sentimiento: el arrepentimiento. El beso de despedida fue emotivo, igual que volver la vista atrás. Al escribir los detalles de la partida, sentimos una profunda conexión, no solo con nuestra pareja, sino con nosotros mismos.

Existe el mito de que los escritores escribimos desde el dolor, y es cierto que los sentimientos dolorosos pueden servir de estímulo para ponernos a escribir. No obstante, se escribe desde la alegría además de la tristeza. Las cartas de amor son un buen ejemplo. «Mi amor —escribimos—, cómo te quiero. Me colmas de alegría. El mero hecho de saber que existes y que estamos conectados hace que me sienta feliz. Te llevo en mi corazón. No logro expresar adecuadamente la alegría que siento con tu compañía. Te escribiré todos los días mientras estés fuera. La sensación de recibir una carta tuya es como la primavera. Hace un día agradable. Todos mis sentimientos son jubilosos».

Al escribir desde la alegría, cultivamos la lírica. Usamos apelativos y términos cariñosos, recurrimos al lenguaje para expresar de una manera precisa lo que sentimos de corazón.

El nacimiento de un nieto es motivo de júbilo, de alivio de que el largo parto se ha desarrollado sin contratiempos y de asombro ante el milagro de la vida. Los deditos de las manos y los pies, el arco de Cupido en la boca, los hoyuelos, las rodillas…: todos estos detalles cobran vida cuando se plasman sobre el papel para la posteridad. Sí, la escritura tiene suficiente cabida para el regocijo. Los momentos cruciales se reflejan por escrito. La escritura puede identificar todo tipo de sentimientos; únicamente se requiere disposición para expresarlo por escrito de una manera precisa.

Judy es un buen ejemplo. Su último libro, *Cravings*, es un relato pormenorizado de la batalla que libró durante décadas contra la adicción a la comida y la bulimia. Bendecida por su resplandeciente y angelical imagen pública, en privado luchó contra los demonios que menciona en su libro. Una mujer con un gran coraje, confiesa sus batallas y sirve de ejemplo a otros. Ha superado grandes reveses: el suicidio de su único hijo fue una tragedia que supo encauzar de manera positiva ayudando a otras personas con experiencias similares. Tras cuarenta años sobria, habla a menudo de su adicción al alcohol, ayudando de nuevo a otras personas a encontrar su camino. Esta polifacética artista fue nominada recientemente a un Grammy a la mejor composición clásica contemporánea. Aunque no le concedieron el premio, disfrutó de lo lindo de la atención que supuso su nominación. Famosa desde hace décadas, gestiona la fama con elegancia, sin tomársela demasiado en serio.

«Escribe lo que sabes».

MARK TWAIN

Judy se muestra abierta en lo tocante a las penas y la tragedia que ha vivido, pero también llena de gratitud por cada nuevo día. Se pasa las horas escribiendo libros, música, letras… Cuando yo vivía en Nueva York, quedábamos a cenar casi todos los lunes por la noche y le contaba cosas de la vida y del oficio de escribir. Hoy estoy en Nuevo México, donde descubro a una cierva que avanza con cautela entre los arbustos. Su gracia y belleza me recuerdan a Judy.

La esperanza

Al atardecer, el reflejo del sol imprime una tonalidad albaricoque a las nubes que envuelven las montañas. Llovió hace una hora, y los tonos del cielo son un vestigio de la tormenta. El cielo, antes iluminado por el resplandor de los relámpagos y ahora nuevamente en calma, promete una noche serena y apacible, la esperanza de un amanecer de color de rosa y un día despejado mañana. Digo «esperanza» porque el tiempo es inestable, y la esperanza entraña optimismo. Como escritora, estoy entrenada para abrigar esperanzas: la esperanza de que este libro salga bien, la esperanza de que se publique y se venda. En este oficio, la esperanza es una aliada imprescindible. Escribimos por pasión, no por dinero, aunque todos abrigamos la esperanza de que las ventas se den bien.

La esperanza es necesaria para escribir. A pesar de nuestra trayectoria, esperamos que cada palabra sea acertada, que las frases tengan coherencia, que los párrafos resulten convincentes. Esperando lo mejor, hacemos lo mejor con la esperanza de que sea suficiente. El optimismo, el hermano pequeño de la esperanza, nos dice que sí.

El optimismo y la esperanza van de la mano. Cuando escribimos, experimentamos ambas cosas. Confiamos en que nuestra labor sea de provecho. Movidos por el optimismo, creemos que lo será. Escribir, a fin de cuentas, es un acto digno de aprecio. Es bueno escribir, y siempre confiamos en escribir mejor. Cuando estamos escribiendo, apreciamos la armonía del mundo. Nuestra voluntad y la de Dios se hallan en sintonía; somos creadores en colaboración con nuestro creador. ¿Acaso es de extrañar que escribir sea tan grato?

Mientras escribo, la tonalidad albaricoque se desvanece del cielo. Llega el crepúsculo: lila, gris y luego negro. Una nueva luna asoma sobre las montañas. Es la luna de los comienzos propicios; confío en su bendición. Mientras escribo este ensayo estoy llena de esperanza. Al escribir, me siento dichosa. La alegría es, como el optimismo, la hermana pequeña de la esperanza. Cuando tengo esperanza, tengo el corazón contento.

Ante las dificultades de este mundo, se requiere coraje para tener el corazón contento, para decantarse por el optimismo —la esperanza— en vez de caer en la desesperación. Para escribir se necesita valentía, osadía para poner una nota de esperanza frente al cinismo. Los escritores cultivan la valentía: siempre con la esperanza de un mundo mejor, lo crean sílaba a sílaba. Con sus palabras abarcan continentes. Su esperanza es ser entendidos. Su mantra es «Entiendo».

LA FE

En mi opinión, la escritura es un camino espiritual. Cuando nos ponemos a escribir, conectamos con reinos superiores. Esta conexión, a la que denominamos musa —o inspiración—, es un salvoconducto a lo divino. La escritura, como todos los caminos espirituales, nos conduce hacia delante. Escribimos desde el punto donde nos encontramos, y se nos conduce con prudencia por el buen camino. Tenemos corazonadas, presentimientos, pálpitos; movidos por la fe, los ponemos por escrito.

Para escribir se requiere fe, una firme convicción en el valor de lo que tenemos que compartir. La fe requiere valentía: *atreverse* a poner por escrito los pensamientos. Ponerse a escribir es un acto asertivo. Nos desnudamos ante los lectores, vestimos los pensamientos con palabras, eligiendo cada una con cuidado. El hecho de que de entrada seamos capaces de escribir es un acto de fe. También tenemos fe en los lectores; confiamos en que entiendan dónde queremos llegar. Al poner las palabras sobre el papel, tenemos la confianza de que nos entenderán.

La fe es algo que se ejercita y algo que se cultiva por medio de la escritura. Es una apuesta por el optimismo. Tenemos fe y abrigamos la esperanza de estar en lo cierto. Como dijo Churchill: «Soy optimista. No parece que sirva de mucho ser otra cosa».

Escribir requiere optimismo, y al mismo tiempo lo cultiva. Sobre el papel, somos osados. La fe llena los cofres de los corazones. Si intentamos escribir sin fe, enseguida caemos en la desesperación, sentimos la contradicción de nuestra experiencia. La fe y el optimismo son los únicos requisitos para escribir. Espoleados por nuestro desasosiego, no tardamos en movernos para corregir el rumbo, para escribir una vez más con el corazón movidos por la fe.

Cuando escribimos con fe, crecemos como personas. Escribimos con alegría, y la alegría es la piedra angular de la senda espiritual. Nuestra fe se halla al alcance de nuestra mano. Nuestra fe es generosa. La escritura llena de fe traslada a los lectores una alegre invitación: «Adelante. Permíteme compartir mis pensamientos». Y, como nos atrevemos a desnudarnos, los

«¿Y no es eso lo que es un poema? Una linterna que brilla en la oscuridad».

ELIZABETH ACEVEDO

lectores también lo hacen. Nuestros mundos tienden un puente entre sí. Nuestra fe ilumina un camino, y nuestros lectores nos siguen, exclamando: «¡Aleluya!».

✎ TAREAS

1. Pedir orientación: coge bolígrafo y papel y escribe una pregunta. Tal vez desees usar una abreviatura para tu nombre (yo uso las siglas «P. J.», de «Pequeña Julia»). Mantente a la escucha de una respuesta. ¿Sientes que se manifiesta la sabiduría? Tu pregunta puede ser relativa a cualquier cosa: tu proyecto de escritura, una relación o algo general como «¿Qué necesito saber?». Recuerda que puede que a menudo la respuesta sea sucinta o te parezca excesivamente simple. No obstante, en la simplicidad hay sabiduría. ¿Qué sensación te produce lo que «oyes»? ¿Puedes hacer que pedir orientación se convierta en un hábito?

2. Celos: todos los escritores sienten celos. Escribe rápidamente una lista de todas las personas de las que tienes celos y, junto a sus nombres, los motivos. Por ejemplo: «Paula: ha publicado sus canciones». A continuación apunta una pequeña iniciativa que podrías tomar, como «Podría componer una canción». Puede que los celos sean dolorosos, pero siempre entrañan una acción potencial.

3. Confiar en nuestras ideas: coge un bolígrafo, haz una lista del uno al diez y completa rápidamente las siguientes frases:

    De lo que realmente me gustaría escribir es…
    De lo que realmente me gustaría escribir es…
    De lo que realmente me gustaría escribir es…

De lo que realmente me gustaría escribir es…
De lo que realmente me gustaría escribir es…
De lo que realmente me gustaría escribir es…
De lo que realmente me gustaría escribir es…
De lo que realmente me gustaría escribir es…
De lo que realmente me gustaría escribir es…
De lo que realmente me gustaría escribir es…

A continuación pon la alarma para dentro de cinco minutos. Elige un tema de la lista y escribe sobre él durante cinco minutos.

4. Sincronía: anota cinco ejemplos de experiencias de sincronía que hayas tenido desde el inicio de este curso. La sincronía se produce en lugares sorprendentes y aumenta a medida que trabajamos con las herramientas de este libro. Al repasar la lista, ¿eres consciente de la presencia de un ente superior bondadoso mientras avanzas en el proceso?

5. Escribir para entender la vida: en una lista del uno al cinco, enumera cinco temas o momentos de tu vida muy intensos a nivel emocional. Pueden ser alegres, trágicos, confusos… Sea buena o mala, lo que importa es la intensidad de la emoción. Después escribe durante cinco minutos acerca del tema más intenso de la lista. Una vez que hayas terminado, ¿ves el tema desde una nueva perspectiva?

REGISTRO

1. ¿Cuántos días has hecho tus páginas matutinas esta semana? ¿Eres capaz de ponerte con ellas enseguida y escribirlas sin interrupciones o distracciones?

2. ¿Has organizado tu cita con el artista? ¿En qué consistió? ¿Qué tal fue? ¿Sentiste sincronía, optimismo,

la sensación de un poder superior benévolo o las tres cosas?

3. ¿Has dado tus paseos? ¿Has sido capaz de caminar a solas y sin distracciones? ¿Has probado a plantearte una pregunta al salir para ver si regresas a casa con una respuesta?

4. ¿Has alcanzado tu cuota diaria? ¿Cuántas páginas llevas de tu proyecto? ¿Te hace ilusión comprobar que la cantidad de páginas va aumentando?

Supera tu renuencia

Todos los escritores sienten renuencia en diversas etapas del camino. El truco consiste en superarla. Llegados a este punto del proceso, has acumulado muchas páginas. ¡Esto hay que celebrarlo! En mitad del curso es natural que nos asalten dudas, temores o sentimientos de enojo. Esta semana abordaremos cómo gestionar las cuestiones que constituyen un reto a nivel interno, así como la resistencia a la que te enfrentas a nivel exterior por parte de amistades tóxicas y personas que te hacen luz de gas.

Es posible superar tu renuencia y seguir adelante de la manera más importante: avanzando en tu proyecto de escritura.

EL ESTADO DE ÁNIMO

Me he despertado temprano, rebosante de energía. Como tenía muchas ganas de escribir, me he puesto con ello. Quiero escribir acerca de la traición, de cuando el ánimo te traiciona al escribir. Ayer hablé con mi amiga Julianna McCarthy, actriz y poetisa, y coincidimos en que el estado de ánimo influye en la percepción del trabajo que tenemos entre manos.

«Es muy traicionero», señaló Julianna. «Esa es la palabra exacta», convine.

Tanto ella como yo llevamos mucho tiempo en el oficio y sabemos de buena tinta que no hay que esperar a tener el ánimo «adecuado» para escribir. Un estado de ánimo positivo es un lujo, no una necesidad. Los muchos años de práctica nos han enseñado que la escritura puede dar buenos frutos en un mal día. También hemos aprendido una dura lección: puede que la escritura no dé buenos frutos en un buen día. El truco, como le dije a Julianna, consiste en escribir pase lo que pase. Ella, que opinaba lo mismo, me comentó que dedicaba un día a escribir y que posteriormente lo analizaba.

Ese «posteriormente» es el momento en el que revisamos lo escrito, no en el ardor de la creación, sino bajo la fría luz de la evaluación. He aprendido, con la práctica, que no se puede contar con el estado de ánimo. Un estado de ánimo sombrío ensombrece mi percepción de lo que escribo, mientras que un estado de ánimo positivo mejora mi percepción. Por tanto, procuro mantener una actitud imparcial, obviar mi estado de ánimo, sea bueno o malo, y perseguir la neutralidad.

Hace poco escribí una obra de teatro. En el ardor de la creación me pareció perfecta. Sin embargo, al leerla de manera más fría «posteriormente», vi que podía pulirla y mejorarla. Así pues, me puse manos a la obra, apoyándome en lo que considero el «oficio» de escribir. He aprendido a no prestar atención a mi estado de ánimo y cejar en mi empeño de que mi trabajo sea perfecto. En vez de eso, digo para mis adentros: «No es perfecto, pero sí bueno, y lo bueno puede mejorarse». Por tanto, pongo mi ánimo en estado «neutral» y me centro en trabajar.

«Yo no espero a que cambie mi estado de ánimo. No se consigue nada con eso. La mente debe saber que tiene que ponerse a trabajar».

PEARL S. BUCK

Tomemos como ejemplo mi obra: me di cuenta de que lo único que hacía falta era una simple reestructuración. Una escena que yo había colocado al final del segundo acto debía aparecer al principio del primer acto. El cambio le dio más coherencia a la obra y la mejoró. Era necesario replantearse de una manera objetiva el oficio.

«Ah, sí», dijo Julianna con un suspiro cuando la puse al corriente de los retoques realizados. Ella coincidió en que los cambios a menudo eran necesarios y en que hacerlos incluso resultaba agradable. Era necesario ignorar el estado de ánimo y sus traicioneros altibajos.

A pesar de que constantemente me digo a mí misma que cualquier cosa que se escriba es buena, mis muchos años en el oficio me han enseñado que la línea que separa la «buena» y la «mala» escritura es muy difusa. En cualquier día dado, mi prosa es sencillamente «la prosa de Julia». Mis tics —y trucos— son casi automáticos. Ayer, por ejemplo, que estaba de mal humor, las ideas me surgieron a trompicones. No, no tenía ganas de escribir, pero lo hice. Prediqué con el ejemplo. El cielo de ayer era frío y azul, con pequeñas nubes blancas que flotaban como platitos. En mi paseo con Lily, un cuervo planeó emitiendo su estridente y áspero cruá, cruá, cruá. Mi voz también parecía tener cierta aspereza, pero seguí escribiendo. No permití que mi malhumor echase a perder un día de trabajo. Al fin y al cabo, el malhumor pasa, y lo escrito permanece.

LOS GIROS DE 180 GRADOS

Esta mañana temprano, el sonido de mi teléfono me despertó mientras soñaba con caballos. La llamada era de un amigo de la costa este al que se le había pasado por alto la diferencia horaria.

—Julia, estoy atascado —se lamentó—. Me quedan dos semanas para la fecha de entrega de mi novela al editor. Soy incapaz de escribir el momento culminante. ¿Qué puedo hacer?

—Terminarla, y punto —respondí.

—Lo he intentado —repuso—, pero no hay manera.

—No tengo una varita mágica —dije—, pero sí un buen puñado de trucos. Organiza una cita con el artista extra, mantente alejado de las redes sociales durante una semana, haz el ejercicio «Hacer saltar los bloqueos por los aires»...

—Pero Julia —protestó mi amigo—, no es tan fácil.

Empaticé con él.

—El maleficio de los giros de 180 grados es muy fuerte, y deshacerlo requiere valentía. Retomar el hilo por donde lo dejaste exige autoestima. Mis herramientas contribuyen a cultivarla.

Analicemos un típico giro de 180 grados. Un escritor está escribiendo de manera productiva hasta que sucede algo, y ese algo puede ser bueno o malo. Digamos que el escritor muestra el trabajo sin pulir a un monstruo de la creatividad que realiza una crítica feroz. Desanimado, el escritor da un giro de 180 grados y deja de escribir.

Por el contrario, digamos que el escritor muestra el trabajo sin pulir a una persona que lo pone por las nubes. Intimidado, el escritor da un giro de 180 grados y deja de escribir. Estos giros, originados por el miedo, son comunes en cualquier profesión, traicioneros y muy negativos. A veces los escritores abandonan una determinada obra, pero otras abandonan definitivamente el oficio.

En 1974 escribí un relato corto que mostré a mi mejor amiga y compañera de profesión.

«Oh, Julia —me reconvino—, si publicas esto arruinarás tu carrera».

En aquel entonces mi carrera era inexistente, pero eso no impidió que me tomara a pecho la pulla. Guardé el relato en un cajón y enfoqué mi destreza con la pluma al mundo del periodismo. Ahí sí me sirvió mi habilidad para escribir relatos cortos, pero entre 1974 y 1994 no volví a escribir ninguno.

Y entonces, en un curso de *El camino del artista*, de pronto me acordé de mi relato abandonado. Fui consciente de que había dado un giro de 180 grados, y conté a mi clase los detalles de mi pérdida de motivación.

Apenas dos semanas después, mientras conducía por Texas con mi padre, oí una voz que decía: «La nueva vida de Karen comenzó a quince kilómetros al oeste del río Pecos».

«Papá —dije—, conduce tú. Me parece que se me ha ocurrido un relato corto». Así pues, mientras mi padre cruzaba el norte de Texas, me puse a escuchar la voz que oía en mi cabeza y escribí mi primer relato corto en veinte años.

A mi regreso a Taos, en Nuevo México, la voz continuó narrando una segunda historia y luego una tercera. Revertí mi giro de 180 grados y escribí una docena de relatos cortos que reuní en la colección *Popcorn: Hollywood Stories* y que publiqué con júbilo. Al revertir mi giro de 180 grados, obtuve un libro entero: hasta ese punto llegó el estímulo que me proporcionó el desbloqueo de mi creatividad.

Los giros de 180 grados son poderosos y engañosos. A menudo, los escritores no son conscientes de que hay uno a la vuelta de la esquina. Al igual que mi amigo el novelista, pierden misteriosamente el interés en la historia que están relatando o cambian de una modalidad artística a otra, como yo hice pasando del relato corto al periodismo. No fui consciente de que había dado un giro de 180 grados; solo pensé que mi carrera de periodista había tomado impulso. Lo que escribía tenía buena acogida. Me agradaba la atención que despertaba. Mi nueva modalidad artística resultaba interesante y me provocó amnesia.

Muchos damos infinidad de giros de 180 grados, frustrando nuestros talentos en muchos ámbitos. Al hacer este ejercicio, puede que al principio suframos amnesia. Yo me olvidé del giro de 180 grados que había dado con mi relato corto y recordarlo me motivó a volver a escribir historias.

Ponte a escribir. Conforme pases de una modalidad artística a otra, registra tus giros de 180 grados. ¿Alguna vez has dado un giro de 180 grados en la escritura, en las artes visuales, en la danza o en las terapias de movimiento? Haz un repaso por categorías, recuerda tus giros y pon al corriente a un amigo de confianza. ¿Eres capaz de dar un pequeño paso para cambiar las tornas? Cualquier mínimo paso te devolverá el poder.

La ira

Hace un día oscuro y tormentoso. El cielo se mimetiza con mi tema: está enfadado.

La ira es energía, y la energía es combustible. Muchos tememos nuestra ira; pensamos que es negativa, que es destructiva. No vemos la ira como lo que es: un amigo sin tapujos. La ira nos dice cuándo hemos sido objeto de una traición, por parte de otros o de nosotros mismos. Hemos rebasado un límite, y el resultado es la ira. Al sentirnos airados somos capaces de aprovechar un recurso interno. Encontramos que las palabras nos salen a borbotones. La ira es un acicate que nos incita a la autoafirmación.

Escribir es un acto de amor propio. Al conectar con nuestra esencia a diario, damos voz a nuestros muchos sueños y planes ocultos. Al preguntarnos: «¿Cómo me siento realmente?», cada vez respondemos con más autenticidad. En vez de contestar con un vago «Me siento bien respecto a eso», somos específicos, nos atrevemos a poner por escrito nuestros auténticos sentimientos. Si nos hacen daño, lo expresamos.

Cuando abrazamos la ira, nos volvemos elocuentes; somos capaces de decir lo que queremos decir y queremos decir lo que decimos. Espoleados por la ira, es posible que las palabras nos salgan a borbotones. Nos da por volcar nuestros sentimientos a toda velocidad sobre el papel. Puede que apenas nos dé tiempo a transmitir nuestros pensamientos.

Pillados por sorpresa, sorprendidos por la intensidad de nuestros sentimientos, tal vez exclamemos: «¡Uf, estoy furioso!». La ira se abre paso apartando de un empujón a nuestro censor y nos permite decir lo indecible. «Estoy furioso» se convierte en la punta del iceberg. Las palabras se derraman sobre la página al decir «Estoy furioso porque…». Cuando expresamos nuestra ira, expresamos nuestros verdaderos sentimientos sin censura, sin tapujos. «Me indigna que…», decimos, y sentimos un subidón de adrenalina. Nos atrevemos a decir la verdad. Cuando ponemos por escrito nuestros verdaderos sentimientos, el flujo de palabras define con exactitud el enardecimiento que estamos experimentando. «Odio que…», escribimos y, al hacerlo, sentimos las emociones a flor de piel. Nos sentimos impelidos a la acción. Sí, la ira es energía y, sí, la ira es un combustible.

«Me sentó fatal la manera en la que Jim me habló en la reunión de ayer —escribió Alice—. Se atribuyó el mérito de mi idea». En la siguiente reunión, espoleada por su enojo, Alice se hizo oír. «Me alegro de que te gustara mi idea, Jim», dijo reivindicándola. «Estaba enfadada —me confesó— y mi enojo me proporcionó un mapa donde se me señalaba justo dónde me sentía traicionada. Fui capaz de alzar la voz para defenderme. Después me sentí orgullosa».

«¡La pluma es más fuerte que la espada!».

EDWARD BULWER-
LYTTON

A medida que escribimos, nos vamos conociendo, y la recompensa es una actitud más tierna hacia la persona que estamos descubriendo. Cuando nos atrevemos a desnudar el alma —con la ira y todo eso—, encontramos que somos adorables y nos volvemos más tiernos. Con nuestras páginas diarias cultivamos el autoconocimiento.

Escribiendo a diario nos mantenemos al corriente de nosotros mismos. No hay errores en nuestro camino. Al expresar nuestros deseos, nuestros sueños y nuestras esperanzas, nos aceptamos a nosotros mismos. Honramos los impulsos que nos llevan a cumplir nuestras aspiraciones con una actitud bondadosa. Cuando canalizamos la creatividad de una forma fructífera, nuestra serena atención redunda en la productividad. Cuando abrazamos la orientación que recibimos a través de la ira, sentimos cada vez más el impulso de querernos a nosotros mismos de una manera activa.

EL MIEDO

Bolígrafo en mano, estás listo para escribir, o sea, *casi* listo para escribir, pues tienes que superar algún que otro momento de procrastinación. ¿Ves? Tienes miedo. Digamos que te viene a la cabeza la primera frase y, junto con ella, el pensamiento «¿Es lo bastante buena?». Juzgas tu frase duramente, pues temes que sea sometida a juicio. El perfeccionismo ha entrado en juego; quieres que tu frase sea perfecta, es decir, brillante.

Quieres escribir con libertad, pero el miedo se cierne sobre tu tren de pensamiento. Tu segunda frase te lleva a plantearte «¿Es lo bastante buena?». Haces acopio de valor, te pones con ello y se produce el milagro. Tu miedo se mitiga. Ahora tienes un compromiso con lo que estás escribiendo. A tomar viento los juicios. Tus pensamientos fluyen, es decir, siempre y cuando hayas dado por buena la primera frase.

Aquí es donde entra en juego la disciplina. La disciplina te dice que debes dar por buena la primera frase, que debes creer en la validez de tu primer pensamiento. Sin duda, es lo bastante bueno. De hecho, es posible que sea muy bueno.

A menudo, nuestros primeros pensamientos son precisamente con los que debemos comenzar. A menudo son osados; a menudo son asertivos. Abren una puerta al hilo de nuevos pensamientos, siempre y cuando los demos por válidos y superemos el miedo a ser juzgados. El miedo, al fin y al cabo, es pernicioso en la medida en que permitimos que lo sea. Tememos ser juzgados… ¿por qué? Por ser estúpidos, ingenuos, ilusos. Una desagradable letanía nos viene a la cabeza. El sentido común nos dice que, con toda probabilidad, no lo somos, al menos no todas esas cosas. El miedo a ser juzgados raya en la paranoia. Después de todo, ponerse a escribir puede conllevar más beneficios que perjuicios. Al creer en esto, vencemos el miedo a ser juzgados.

El inquietante pensamiento «Pero ¿y si me pongo en ridículo?» aflora. Ponerse en ridículo es algo que debe evitarse, y tal vez la forma de evitarlo sea por medio de la acción positiva. Al abrazar nuestros pensamientos con valentía, lanzamos un reto: discrepa conmigo o menospréciame bajo tu propia responsabilidad. Al atrevernos a escribir, somos persuasivos, desarmamos a quienes nos critican gracias a nuestra osadía. El miedo nos dice que seremos juzgados, y la razón, que lo superaremos, que los críticos más insidiosos corren el riesgo de quedar en ridículo.

El miedo es un obstáculo en nuestro camino. Al desmontar el miedo, ¿qué es lo peor que puede pasar? Que nos pongamos a escribir. Frase a frase exponemos nuestros argumentos. En vez de quedar en ridículo, no tardamos en dar muestras de sabiduría. Al atrevernos a escribir un pensamiento tras otro, vencemos el miedo y nos armamos de valor. El miedo en sí es la bala que esquivamos; la escritura es el arma que gana la batalla. El hecho de atrevernos a escribir, a confiar en nuestros primeros y más profundos pensamientos, convierte el miedo en un espantajo, en una bala a la que no tememos. De lo único que hemos de tener miedo es del propio miedo.

El riesgo

La mayoría de nosotros tenemos una idea aproximada de hasta qué punto somos creativos. Pensamos que sabemos cuáles son nuestros talentos y limitaciones. Sabemos qué riesgos correremos y que nos arriesgaremos hasta cierto punto y no más allá. Los riesgos que correremos serán pequeños, no nos sacarán de nuestra zona de confort… Y entonces aparecen las páginas matutinas y nos enseñan a arriesgarnos, nos retan a salir de nuestra zona de confort. El riesgo que asumimos a diario al poner por escrito cómo nos sentimos realmente nos enseña a crecer.

«¡No sabía que me sentía así!», es la frase que acompaña a una súbita revelación. Cuando nos atrevemos a tener una actitud más honesta, cultivamos el autoconocimiento. El hecho de asumir este desafío nos anima a asumir otros a medida que las páginas nos dan un empujoncito.

«A lo mejor te gustaría probar...», se aventuran a decir las páginas, especificando un riesgo.

«No puedo hacer eso», exclamamos, descartando el riesgo que nos sacaría de nuestra zona de confort.

«¿Seguro que no?», tal vez susurren las páginas, y de nuevo se topan con nuestra renuencia. El riesgo que tan grande se nos antojaba parece más asumible, pierde envergadura y, por tanto, decimos con vacilación: «No creo que pueda». Pero la insistencia de las páginas crea un resquicio de duda.

«Yo creo que sí», insisten. Y, hartos de que nos atosiguen, al final afirmamos: «De acuerdo, lo intentaré». Y, al hacerlo, afrontamos el desafío.

Que no te quepa la menor duda: las páginas son un amigo sin tapujos. Nos retan a superarnos, a crecer, a ser más osados. Con ellas, nuestras percepciones cambian: comprobamos que somos mucho más creativos de lo que pensábamos en un principio.

«Escribirás canciones maravillosas», repetían mis páginas una y otra vez. Yo desdeñé su optimismo por considerarlo exagerado hasta que, exasperada, hice lo que me sugerían. Ahora compongo música de manera habitual. Atreverme a hacerlo dio como fruto tres musicales y dos álbumes infantiles.

«El peor enemigo de la creatividad es la duda».

SYLVIA PLATH

Mi colega Emma Lively prestó atención a sus páginas y pasó de ser una violinista insatisfecha a una compositora feliz. «Desde mi infancia, componer era el sueño de mi vida, pero había renunciado a él. Yo pensaba que era inalcanzable, pero me equivocaba. Las páginas me alentaron a intentarlo, así que me atreví». El público ovacionó en pie el estreno de su musical, *Bliss.*

Daniel Region, un talentoso actor, director y locutor de voz en *off,* se dejó aconsejar por sus páginas cuando le instaron a intentar escribir obras de ficción. Hasta la fecha ha publicado dos colecciones de relatos cortos y una novela. «Cuando las páginas sacaron a relucir el riesgo de escribir, pasé del "Ni pensarlo" al "¿Y por qué no?"». Daniel descubrió su amor por la escritura, y que era recíproco.

Yo solía dar clases en Chicago, en una sala con un techo bajo de poliestireno expandido. Imaginad mi euforia cuando un alumno dio unos golpecitos en los paneles con el palo de una escoba y apareció un hueco de tres metros hasta un anticuado techo de hojalata. Nosotros somos como esa sala, con un falso techo que limita nuestros talentos. Las páginas matutinas son el palo de escoba que revela nuestra verdadera dimensión.

MANTÉN EL DRAMA SOBRE EL PAPEL

Hace un día propio de un drama. El viento azota el pino piñonero. Los pajarillos se refugian en las ramas más recónditas. Tomo asiento en mi sala de estar, tranquila a pesar de las inclemencias del tiempo. Al fin y al cabo, el drama pertenece al papel. Existe el mito de que las vidas de los escritores son dramáticas, pero este mito no nos beneficia. Es mejor que no sean dramáticas; nos interesa mantener a raya el drama. Así pues, me pongo a escribir esta noche. Mis palabras me aportan paz y claridad.

Las vicisitudes de la vida me han enseñado que recrearme en emociones extremas resta poder a mi escritura. Solo disponemos de una cierta cantidad de energía a nivel emocional, y, cuando la malgastamos sin ton ni son, nuestro trabajo se resiente. Soy amiga íntima de dos escritoras, las cuales se han enzarzado en una desagradable riña. «Ponte de mi parte», me han rogado ambas. Pero lo que satisface sus necesidades emocionales no satisface mis necesidades creativas.

«Estoy segura de que podéis arreglar las cosas», les he dicho a ambas. Mi actitud neutral provoca chantajes emocionales, pues cada una me reprocha que, si yo fuera una verdadera amiga, tomaría partido, pero resisto la tentación: la experiencia me ha enseñado que recrearme en el drama me priva de recursos creativos. Cuando no era consciente de ello, me dejaba arrastrar por las tragedias de mis amigos, y me costó caro. De repente me quedé en blanco con una novela que me estaba cundiendo; me sentí despojada de buenas ideas, vacía de inspiración. El tiempo que dedicaba a escribir a diario —dos horas por la tarde— de repente pasó a ser un tiempo al teléfono para escuchar las penas de una amiga y luego de la otra.

—No sigas haciendo un drama —le aconsejé a una de las contendientes cuando me llamó por teléfono para pedirme consejo. Le expliqué que recrearme en el drama me había impedido crear obras dramáticas de calidad sobre el papel. Ella podría aprender mi lección.

—La gente pensará que soy despreciable —repuso—. Pensarán que soy fría si me desmarco.

—¿Qué es más importante, tu escritura o tu imagen de buena persona? —le pregunté.

—Visto de ese modo, parece obvio —respondió—. Mi escritura es más importante, y, además, si no escribo bien me convierto en una persona despreciable. —Así pues, a regañadientes, mi amiga se desvinculó de la disputa con su amiga. Al recuperar la calma en su vida, su escritura repuntó. Tomó la determinación de que en adelante mantendría el drama sobre el papel.

Los dramas pueden ser externos o internos, y para los escritores ambos tipos son igual de perjudiciales. Los dramas generados por uno mismo pueden manifestarse en forma de preocupación o ansiedad generalizada. Sin embargo, yo he comprobado que siempre es mejor ponerse a escribir que recrearse en ellos.

Tengo una amiga íntima, escritora, que sufrió una profunda depresión. Se pasó meses sin levantar cabeza. Ella lo achacaba al COVID-19, pero cuando la pandemia remitió no pudo echar la culpa nada más que a sí misma.

—Cómo te envidio —me dijo—. Para ti, la escritura es algo fundamental.

—Para ti también puede serlo —afirmé—. Escribe acerca de cualquier cosa. Describe tu vida, incluida tu depresión. Creo que notarás que la depresión remite si escribes.

—Pero, Julia —protestó mi amiga, podría añadir que con dramatismo—, estoy demasiado deprimida para escribir. Soy incapaz de escribir. No tengo nada que decir.

—Tonterías —repuse—. La depresión es el incentivo perfecto para ponerte con ello.

Pasé semanas, incluso meses, insistiendo a mi amiga para que dejara de procrastinar y se pusiera a escribir.

—No es más que miedo —le dije—, un miedo irracional a no tener nada que decir.

—No le quites importancia —repuso mi amiga—. ¿Y si es cierto que no tengo nada que decir? —Soltó un suspiro dramático.

—Ponte con ello, y punto —la insté—. Empieza con «No tengo nada que decir. Mi corazón es un pozo vacío». —Prácticamente le supliqué que se pusiera a escribir. Cuando escribe, está contenta y es una agradable compañía—. Sí que tienes algo que decir.

—Tienes suerte —me dijo en tono de reproche—. A ti te resulta fácil escribir. Yo sencillamente no tengo ánimo. —Parecía contrariada, como una niña díscola.

—A mí me resulta fácil escribir porque he aprendido a hacerlo en vez de recrearme en el drama o esperar a tener el ánimo adecuado. Tú puedes hacer lo mismo.

Yo notaba su renuencia. Se había cerrado en banda con su drama. En mis páginas matutinas me dio por escribir acerca del hecho de que mi amiga no estuviera escribiendo. Su bloqueo había pasado a ser un bloqueo en nuestra amistad. Me había cansado de oír sus excusas para evitar ponerse a escribir. A lo mejor ella también se había cansado de sus excusas porque un día me llamó por teléfono visiblemente contenta.

—Estoy escribiendo —anunció con júbilo—. Me he dado cuenta de que he estado basándome en el supuesto de que mis páginas matutinas debían tener sentido, que tenían que ser «de calidad». Pero el mero hecho de intentar escribir sienta de maravilla.

No le dije a mi amiga lo que se había resentido nuestra amistad debido a su bloqueo. Ella había retomado la escritura y yo había recuperado a mi preciada amiga: alegre y rebosante de ideas.

—Hablamos mañana —me prometió en tono alegre—. Ahora mismo voy a escribir.

Esperé ilusionada su llamada; sabía que, mientras escribiéramos, todo iría bien entre nosotras.

La constancia

El cielo está encapotado, se avecina lluvia. El tiempo está haciendo de las suyas: la mitad del día despejado, y el resto tormentoso. Lily está inquieta. Se esconde bajo mi mesa.

«No pasa nada, pequeña», le digo, pero lo pone en duda. ¿Quién se lo va a reprochar? La lluvia de ayer se convirtió en granizo. Cayeron chuzos de punta, con estrépito, y Lily se puso a temblar por el ruido. Después, tan súbitamente como empezó, paró de granizar. Las gotas de lluvia repiquetearon sin cesar contra las ventanas. A los cinco minutos escampó. El jardín delantero resplandeció con la frescura del chaparrón. Lily se acercó a una ventana y se asomó. Todo despejado, pero ¿hasta cuándo?

Volviendo al día de hoy, se avecina tormenta. «Escribe ahora», me digo, aprovechando la relativa calma. He aprendido a aprovechar el tiempo cuando puedo. Así pues, le vuelvo a decir a Lily: «No pasa nada, pequeña». Esta vez, también aprovechando la calma, sale con sigilo de debajo de la mesa.

Nick estará aquí en quince minutos. Lily le hará arrumacos para que la saque a pasear y él echará un vistazo al cielo para calcular cuánto durará la calma antes de la tormenta. Oriundo de Nuevo México, tiene una asombrosa habilidad para pronosticar con exactitud cuándo seguirá el cielo encapotado y cuándo descargará lluvia. Atrapado por la granizada de ayer, me contó en tono apesadumbrado que ya había escampado cuando emprendió la subida en coche por la montaña en dirección a mi casa. Hoy, ante el temor de que granice de nuevo, ha traído una lona para proteger su coche de abolladuras. ¿Y qué pasa con él mismo?, me pregunto. Me quedo maravillada ante la hazaña de Nick.

Al llegar me cuenta a qué ha dedicado la mañana. Ha hecho montañismo y luego ha escrito un poema describiendo el ascenso. Al igual que yo, Nick tiene por costumbre narrar por escrito sus vivencias. Fornido y amable, saluda a Lily con patente cariño. Lily, por su parte, se pone la mar de contenta al ser objeto de su atención.

—¿Me la llevo a dar una vueltecita? —pregunta. Ella se pone a retozar mientras le engancha la correa—. Ha echado muy en falta el paseo de ayer —comenta en tono cariñoso. Acto seguido se marchan.

Mi teléfono suena con estridencia. Me llama mi amigo Robert Stivers, el extraordinario fotógrafo artístico, y me confirma la hora a la que hemos quedado para cenar. No nos hemos visto desde antes de la pandemia, hace un año y pico. Nos advertimos el uno al otro que a lo mejor estamos un pelín estropeados.

A la vuelta de su paseo con Lily, Nick y yo nos ponemos manos a la obra. Estamos diseñando correos electrónicos «de autor», y trabajamos hasta que tengo que irme a mi encuentro con Robert. Hemos quedado a las siete menos cuarto en un local que suelo frecuentar: el Santa Fe Bar & Grill. Soy la primera en llegar, y, cuando lo hace Robert, me alegro tanto de verlo que no aprecio signos de deterioro en él. Robert, un hombre apuesto que se parece a Robert Redford, lleva sus años —setenta— con elegancia. Tomamos asiento en un cómodo reservado y nos ponemos a hacernos cumplidos el uno al otro.

—Tienes buen aspecto, muy buen aspecto, no estás nada demacrada —comenta. Yo observo su atractivo rostro. Echamos una rápida ojeada a nuestras respectivas cartas y pedimos en un periquete. A continuación nos ponemos a charlar sobre el trabajo.

Robert es un artista profesional, un artista aplicado. Pasa la mayoría de las noches sudando tinta en el cuarto oscuro, «creando belleza». Igual que yo, trabaja todos los días y se deja guiar por su musa.

—Me gusta lo que estoy haciendo ahora mismo —dice con modestia—. Creo que estoy creciendo. —La evolución de Robert lleva sus fotografías por nuevos e inesperados derroteros—. Estoy realizando muchos trabajos abstractos —comenta— y parece que la gente está respondiendo.

La gente responde haciéndole encargos. Robert se gana la vida con su trabajo, y se la gana bien, aunque invierte su dinero en más trabajo.

—Estoy sopesando la idea de quedarme con un almacén diáfano que he encontrado, con paredes blancas desnudas. Creo que mi obra quedaría bien ahí.

—Sí —digo—. Pareces entusiasmado.

—¿Sí? —pregunta—. Necesitaría conseguir una buena mesa y una escalera de mano. Supongo que me rijo por la ética del trabajo —añade. También es partidario de la constancia—. Yo me pongo a trabajar, y punto. Es como lo de tus páginas. No las planificas; te pones con ellas, y ya.

LAS FECHAS LÍMITE

Fecha límite: el término en sí resulta agobiante. Fecha… límite. Si no la cumples, tu destino será peor que la muerte.

«Una fecha límite te hace asumir tu responsabilidad», sostiene Emma Lively, partidaria de las fechas límite para fomentar la productividad.

«Las fechas límite son una pesadilla. Quieres entregar el texto a tiempo, pero entregarlo bien —opina Nick Kapustinsky, que se dejó la piel trabajando de periodista durante unos años, por si fuera poco con su afán perfeccionista—. Hazlo a tiempo, pero perfecto.

«Las fechas límite garantizan que el trabajo se termine a tiempo», explica Emma Lively. Le han encargado un libro sin plazo de entrega, y es consciente de que está mareando la perdiz.

«La presión de las fechas límite, qué pesadilla», recuerda Nick Kapustinsky. Ahora escribe a diario, pero sin el agobio de las fechas de entrega. Ya no ejerce el periodismo y ahora que han dejado de atormentarle los dos demonios, la puntualidad y el perfeccionismo, la escritura le resulta placentera.

«Las fechas límite son mis aliadas», sostiene Emma Lively resumiendo su experiencia. En su trabajo de editora divide el número de páginas entre el número de días que le quedan de plazo con el fin de conseguir una cifra diaria. Si cumple la cuota diaria, automáticamente cumple el plazo de entrega.

Las fechas límite pueden fijarse por imposición de otros o podemos establecerlas nosotros mismos. En cualquier caso, es importante que sean razonables: puede que las «fechas límite imposibles» sean literalmente eso. Por tanto, hemos de aprender a negociarlas en interés propio, quizá proponiendo un plazo más razonable. Hay que planteárselo desde el punto de vista de la presión: es posible que una fecha límite demasiado ajustada nos bloquee. Si, como Emma Lively, eres de los que disfrutan con la presión de una fecha límite, tienes suerte. Si, como Nick Kapustinsky, te agobias, dilo. Lo más conveniente es ponerte tus propios plazos.

¿Y cómo ponerte tus propios plazos? Aplicando el método de Emma Lively. Primero, fijar tu cuota diaria teniendo presente que debes poner el listón lo bastante bajo como para que te resulte fácilmente realizable; a continuación, contar los días que tardarás en terminar el proyecto; y, por último, señalar en el calendario la fecha en la que calculas que lo tendrás. Este libro tendrá unas doscientas páginas y mi cuota diaria es de dos páginas. Ahora mismo voy por la página 140, por lo que me quedan sesenta páginas, o treinta días de trabajo. Estamos a mediados de septiembre y calculo que lo tendré para mediados de octubre: a eso me refiero cuando digo una fecha límite razonable.

El término «razonable» es importante. Una fecha límite ha de ser razonable con el fin de que tenga sentido; si es demasiado ajustada o a muy largo plazo, pierde efectividad. Usa el sentido común, junto con las estrategias que he mencionado, para calcularla. Afronta tu cuota diaria, y márcate el objetivo de finalizar a tiempo. Puede que tu fecha límite no sea mortal.

LA COMPETITIVIDAD

«Mientras escribas lo que deseas escribir, eso es lo único que importa; y si importa durante años o solo durante horas, nadie puede decirlo».

VIRGINIA WOOLF

Esta noche hay luna llena, la luna de los comienzos. Digo para mis adentros que es propicia, que la luna creciente trae suerte. He estado leyendo lo que opinan otros escritores acerca de la escritura: Natalie Goldberg, Stephen King… Valoro sus ideas, pero me digo a mí misma que las mías también son válidas.

A menudo, cuando escribimos, nos desanimamos nada más comenzar diciéndonos que otros han escrito antes y mejor. En vez de mirar hacia nuestro interior y tratar de expresar con precisión lo que pensamos y sentimos, miramos fuera de nosotros mismos. ¿No han escrito otros mejor? Y ya han publicado. Este es el espíritu competitivo: en vez de tratar de ser auténticos, fieles a nuestras ideas, intentamos ser «mejores», mejores que otros. En vez de responder a la pregunta «¿Estoy expresando lo que realmente quiero decir?», decimos para nuestros adentros: «¿No lo han contado antes y mejor?». Al leer a otros escritores nos acobardamos. A menudo llegamos a la conclusión de que sus obras son mejores que las nuestras. Persiguiendo la perfección, comparamos nuestros borradores en bruto con sus obras pulidas. En vez de permitirnos escribir con libertad, tendiendo vías, censuramos lo que escribimos. En vez de inspirarnos en nuestros colegas, consideramos que quienes llevan la delantera tienen más peso y acierto en su discurso.

El espíritu competitivo destruye el arte. En vez de confiar en el valor de lo que contamos, nos invade el desánimo y pensamos que nuestro trabajo carece de valor. A fin de cuentas, «fulano de tal» ha tratado el mismo tema, «y mejor». Nuestro empeño en que nuestro trabajo «arrase con la competencia» en realidad provoca que realicemos trabajos poco originales, nuestro mayor temor. Viendo el trabajo de otros, nos decimos: «Es imposible de superar», pero luego lo intentamos. Y, en ese intento, copiamos a quienes admiramos. En vez de preguntarnos «¿Destila sinceridad mi trabajo?», elogiamos a otros por la chispa de originalidad que nosotros mismos podríamos encontrar si dirigiéramos la atención hacia nuestro interior.

Cuando tratamos de expresar con precisión lo que pensamos y sentimos, encontramos que nos surtimos de un embalse interior. En él «pescamos» ideas, que son como preciosos *koi* que nadan a ras de la superficie. Al extraer cada pensamiento de este embalse, lo hilvanamos con el anterior y el siguiente. A medida que deslizamos el bolígrafo sobre la página, analizamos cada pensamiento. Descubrimos que podemos confiar en nuestra intuición. Trazamos un mapa de nuestra psique, un mapa único e individual. Puede que en nuestro trabajo se perciba el eco de otro escritor, pero, como un eco, tendrá voz propia.

Hace poco encontré un libro, *Para ser escritor*, de Dorothea Brande. Publicado en 1934, aboga por la escritura matutina y las aventuras creativas. En 1992 publiqué *El camino del artista*, en el que defendía lo que llamo páginas matutinas y citas con el artista. Yo no conocía el libro anterior y, cuando lo descubrí en 2021, no tuve ningún sentimiento competitivo, sino de camaradería. Al fin y al cabo, tanto Brande como yo expresamos con honestidad lo que sabíamos de la creatividad. Nuestras ideas eran similares, pero nuestros discursos diferían, pues cada una se dirigía al público de su época.

Cuando leo a otros escritores, puedo optar por hacerlo con espíritu competitivo o de camaradería. Cuando percibo similitudes en nuestras ideas, puedo optar por sentirme validada, no superada. En vez de competir, puedo comparar, apreciar el valor de las ideas compartidas. Soy artífice de mi trabajo, y ese hecho por sí solo le confiere su carácter original.

LOS ENLOQUECEDORES

Leer este ensayo tal vez resulte difícil e irritante. Trata sobre lo que yo llamo «enloquecedores», personas difíciles e irritantes. Los enloquecedores perturban y siembran el caos. Tremendamente dañinos y destructivos con las personas creativas con las que se topan, pueden ser carismáticos, con frecuencia encantadores, sumamente ingeniosos y con grandes dotes de persuasión. Canalizan dichas virtudes para ser el ojo del huracán, trastornando la vida de las personas con las que se relacionan. Los enloquecedores se recrean en el drama, erigiéndose como los protagonistas, mientras los demás permanecen en un segundo plano, bailando al son de sus caprichos.

Si te relacionas con una persona enloquecedora, es probable que lo sepas. Si no lo tienes claro, sigue leyendo. Los enloquecedores incumplen los acuerdos y desbaratan los planes. Los enloquecedores se creen merecedores de un tratamiento especial. Los enloquecedores menosprecian tu realidad. Los enloquecedores consumen tu tiempo y tu dinero. Los enloquecedores implican a terceras personas. Los enloquecedores son acusadores consumados. Crean dramas, pero casi siempre sin motivo. Los enloquecedores odian planificar, excepto lo suyo. Los enloquecedores odian el orden: el caos es beneficioso para sus propósitos. Los enloquecedores niegan serlo.

Si tan destructivos son, ¿cómo es posible que nos relacionemos con ellos? La respuesta es sencilla, pero brutal: nosotros estamos igual de locos. Estamos bloqueados y dispuestos a hacer lo imposible por seguir así. Por abusiva y amenazadora que sea la vida con un enloquecedor, resulta mucho menos amenazadora que una vida creativa propia.

Si te relacionas con una persona enloquecedora o sospechas que tú mismo lo eres, es importante que lo reconozcas. Si te está utilizando, reconoce que tú también la estás utilizando. Es un bloqueo que tú mismo has elegido para boicotear tu trayectoria creativa. Por más que se aproveche de ti, tú utilizas a tu enloquecedor para bloquear tu creatividad. Lee un libro sobre codependencia o apúntate a un programa de doce pasos para desbaratar su retorcida milonga. Los programas Al-Anon y Adictos al Sexo y al Amor Anónimos son excelentes para liberarse del yugo de los enloquecedores. La próxima vez que te descubras a ti mismo pensando «Me está volviendo loco», pregúntate qué trabajo creativo intenta bloquear con tu complicidad.

AMIGOS TÓXICOS

El teléfono sonó y respondí a la llamada. Era otra escritora, en teoría una amiga.

—¿Estás escribiendo? Siempre estás escribiendo —comenzó diciendo.

—Estoy escribiendo —confesé—. Voy por la mitad de un libro.

—Bien hecho. Yo llevo ochenta páginas de a saber qué.

—Seguro que son ochenta páginas de algo.

—Dios te oiga. ¿De qué trata tu libro?

—De la escritura.

—¿De la escritura? Hay un montón de libros sobre la escritura. ¿Cuál es el gancho?

—¿El gancho?

—¿Qué te hace pensar que tu libro se venderá? ¿Has firmado un contrato?

—Estoy escribiéndolo por iniciativa propia —respondí.

—Eso es arriesgado. Y el tema…

«Ahora viene la gran pregunta: ¿sobre qué vas a escribir? E igualmente la gran respuesta: sobre lo que te venga en gana».

STEPHEN KING

La que en teoría era mi agradable amiga no parecía muy agradable que digamos.

—A mí me parece un buen tema —conseguí decir.

—Si tú lo dices…

Entonces me puse a la defensiva.

—Hasta ahora he disfrutado escribiéndolo.

—Eres optimista.

—Yo siempre disfruto escribiendo.

—Yo también, cuando tengo un contrato. ¿Ha intentado tu agente venderlo ya?

—Estamos esperando hasta que lo termine, necesito alrededor de un par de meses más.

—Eso contando con que no te quedes en blanco. No te puedes permitir bloquearte.

—No —convine—. No puedo.

—Bueno, solo quería saber cómo te iba —dijo para zanjar la conversación—. Ya me contarás cómo va.

La llamada me dejó cubierta de fango. La conversación había sido tóxica. Mi amiga era competitiva. Mi ilusión con el proyecto se fue al traste de un plumazo. El mensaje implícito en la llamada había sido: «Ten en cuenta las probabilidades en contra de tu éxito». Para mí, plantearme las probabilidades adversas suponía en cierto modo envenenarme. Como antídoto, necesitaba hablar con alguien positivo, y sin demora. Marqué el número de mi amigo el escritor Jacob Nordby.

—¡Vaya por Dios! —exclamó Jacob cuando le conté con lujo de detalles la ponzoñosa llamada. Él reconfortó a mi escritor herido diciendo simplemente—: Tu libro es bueno. Tiene frescura.

—Me he venido abajo —confesé.

—Tu amiga tiene una actitud negativa —afirmó Jacob con rotundidad—. Tú no puedes permitírtelo. Tienes que terminar el libro.

—¿Y si me bloqueo? —gimoteé.

—No vas a bloquearte. Estás en racha.

—Gracias.

—No tienes por qué darme las gracias. Sigue escribiendo, y punto.

—Gracias de todos modos.

Y colgamos.

Jacob es un espejo creyente para mí. Es positivo, optimista, entusiasta. Cree en mí y en mi trabajo. La persona tóxica que me llamó por teléfono, por el contrario, era un espejo de la casa de la risa, que proyectaba un reflejo distorsionado de mí y de mi trabajo. La persona que me llamó por teléfono, en teoría mi amiga, distaba mucho de serlo: con su actitud pasivo-agresiva, socavó mi confianza como la bruja de un cuento de hadas.

Recordé las palabras de Jacob: «Tu amiga tiene una actitud negativa. Tú no puedes permitírtelo. Tienes que terminar el libro».

Sí, tengo que terminar el libro. Mientras narro la ponzoñosa llamada, decido evitar a mi amiga de ahora en adelante. Más que amiga es una enemiga, tóxica para mí y para mi trabajo.

LA DUDA

«Comienza por dónde estás», he repetido a lo largo de este libro. Siguiendo mi propio consejo, escribo que estoy en el rincón para escribir número uno: la biblioteca, sentada en mi gran silla de oficina de piel negra. Me dispongo a escribir un ensayo acerca de la duda, y dudo que sea capaz de conseguirlo. Escribo: «La duda es insoportable». No es ninguna mentira: ahora que estoy dudando, siento desasosiego. La duda, la duda acerca de uno mismo, es un voto de confianza a la crítica. Nigel, mi yo crítico, cuchichea: «No tienes nada válido que decir», y me lo creo. En vez de confiar en mi talento y experiencia, me cuestiono a mí misma, pongo en duda mi valía.

«Lo que estás escribiendo ahora parecen pamplinas», dice entre dientes Nigel, de modo que trato de encontrar una mejor manera de decir «La duda es enfermiza». Con todo, la duda es, en efecto, enfermiza, un voto de confianza al diablo, algo que todo escritor experimenta.

Pongamos por caso que se te ha dado bien escribir. La duda susurrará: «¿No pareces petulante?». La autoconfianza es un insulto a la duda. «Igual deberías intentarlo de nuevo». El perfeccionismo asoma la cabeza.

«Me ha salido bastante bien —replica nuestra mente racional—. A lo mejor no está perfecto, pero está bien».

«¿Seguro?», susurra la duda. Y, como es natural, frente a la duda, titubeamos. La duda es insidiosa, socava la confianza lanzando maliciosas indirectas. Si tenemos la osadía de hacernos oír, la duda nos tacha de presuntuosos. Si sucumbimos a la ansiedad, la duda nos hace dudar aún más.

El soplo de inspiración se apaga ante la duda. Que no te quepa la menor duda: la duda es poderosa. Penetra en los confines de nuestra mente, diciendo: «Pero ¿has sopesado esto?». La duda nos hace pensárnoslo dos veces, y tres, y cuatro. Olvidamos la buena experiencia de confiar en los primeros pensamientos; la duda nos dice que la experiencia fue pura casualidad. Pongamos por caso que nos armamos de valor y le plantamos cara: la duda, que no se rinde fácilmente, susurra que la confianza que ahora sentimos es un «error».

«El error eres tú», esgrimimos para defendernos, cuestionando nuestras dudas. La duda se tambalea ante nuestra confianza. A fin de cuentas, la duda es una bravucona y, como todos los bravucones, se achanta cuando se le planta cara.

«Creo que a lo mejor tengo razón», decimos con modestia. Es imposible que la duda sobreviva a la luz que proyecta la modestia.

«Creo que estoy seguro», afirmamos finalmente. Ante nuestra serena certeza, la duda se disipa.

LAS AFIRMACIONES POSITIVAS

La lluvia cae contra la ventana. Hace un día gris y deprimente, igual que mis páginas matutinas. Muchas veces, la gente me pregunta por la «negatividad» de sus páginas matutinas. Temen que, si ponen por escrito sus sentimientos negativos, de alguna manera los perpetuarán o reforzarán. Yo les explico —con delicadeza— que lo que hacen es «airear» sus sentimientos negativos, no reforzarlos. Muchas veces, las páginas matutinas nos dan un empujón para afrontar una verdad desagradable. «Tengo que dejar el alcohol», «Tengo que divorciarme», «Tengo que buscar un nuevo trabajo», «Tengo que hacer ejercicio»… Las páginas matutinas son un amigo sin tapujos. Nos instan a ser más honestos y a actuar cuando es necesario. Como dice la oración de la serenidad: «Dios, concédeme serenidad para aceptar las cosas que no puedo cambiar, valor para cambiar aquellas que soy capaz de cambiar y sabiduría para reconocer la diferencia».

Cuando nos ponemos a escribir, clasificamos la vida en parcelas abordables. A instancias de las páginas, nos enfrentamos a nuestros demonios, y, al hacerlo, nos damos cuenta de que hay hueco —en la página y en nuestras vidas— para empresas nuevas y positivas. Tras expresar nuestros sentimientos más oscuros, avanzamos hacia la luz, y una de las maneras más efectivas de hacerlo es mediante el uso de afirmaciones positivas.

Las afirmaciones positivas son frases con creencias positivas. Funcionan como palancas para soltar la negatividad enquistada y a menudo parecen meras ilusiones. Pongamos por caso que quieres perder peso. Tu afirmación podría rezar: «Tengo un cuerpo esbelto y estilizado». Un simple vistazo en el espejo te dice que no es así… todavía. La especialidad de las afirmaciones son los «todavías». Al escribir «Estoy sobrio y feliz», descubrimos que aumenta nuestra disposición a abrazar la sobriedad y la dicha.

La práctica diaria de las afirmaciones positivas es una herramienta poderosa, especialmente si las aplicamos a ámbitos en los que nos sentimos atascados. Cuando perdemos la esperanza de ser amados, puede que escribamos: «Se me quiere y soy adorable». El acto de poner por escrito frases positivas nos libera del yugo de la desesperación. Cuando nuestra economía necesite sanearse, puede que escribamos: «Soy solvente». Más pronto que tarde encontramos que somos prósperos: nuestra afirmación ha frenado nuestra tendencia a derrochar y ahorrar poco. El uso de estas frases es un ejercicio de apertura mental. Las afirmaciones no son meras ilusiones, sino más bien un puente que tendemos hacia un futuro más propicio. Al otro lado de mi ventana, los nubarrones se dispersan y el arcoíris se despliega triunfante sobre el cielo plomizo.

✎ TAREAS

1. Giros de 180 grados: haz una lista con las siguientes categorías: música, cine/teatro, artes visuales, oratoria/performance y artesanía. Junto a cada una, anota un giro de 180 grados que hayas dado. ¿Qué ocurrió? ¿Cuándo y por qué dejaste de trabajar en esa modalidad artística, por poco que fuera? A continuación apunta una pequeña iniciativa que podrías llevar a cabo con el fin de revertir el giro. ¿Podrías elegir una de la lista y ponerla en práctica?

2. Ira: haz una lista del uno al diez y enumera diez causas de tu ira. Recuerda: la ira es un combustible. Cuando hayas terminado, repasa la lista. ¿Se te ocurre una iniciativa que podrías realizar? ¿Puedes canalizar la energía de la ira hacia algo positivo?

3. Amigos tóxicos/enloquecedores: todos tenemos amigos tóxicos y personas enloquecedoras en nuestras vidas en un momento dado. Completa lo siguiente:

    Tres enloquecedores que he conocido son:
    Lo peor que un enloquecedor me ha hecho es:
    Creo que me relacioné con esa persona porque:
    Ahora mismo un amigo tóxico en mi vida es:
    Una manera de alejarme de esta negatividad es:

4. Fechas límite: coge bolígrafo y papel y ponte a escribir cinco minutos sobre las fechas límite. ¿Qué opinas acerca de ellas? ¿Tienen una connotación positiva, negativa o neutra? ¿Ha habido ocasiones en las que las fechas límite te han beneficiado? ¿Y otras en las que consideras que te han perjudicado? A continuación examina tu proyecto actual. A partir de tu cuota diaria, ¿podrías ponerte una fecha límite para terminar el borrador?

5. Afirmaciones positivas: enumera rápidamente tres miedos que guarden relación con tu proyecto. A continuación conviértelos en afirmaciones positivas. «Tengo miedo de dejar mi proyecto inacabado», por ejemplo, se convierte en «Llevo a buen puerto mi proyecto con facilidad y alegría». Trabaja en las afirmaciones esta semana escribiéndolas cada día después de las páginas matutinas.

REGISTRO

1. ¿Cuántos días has hecho tus páginas matutinas esta semana? ¿Has sido capaz de ponerte con ellas enseguida y escribirlas sin interrupciones o distracciones?
2. ¿Has organizado tu cita con el artista? ¿En qué consistió? ¿Qué tal fue? ¿Sentiste sincronía, optimismo, la sensación de un poder superior benévolo o las tres cosas?
3. ¿Has dado tus paseos? ¿Has sido capaz de caminar a solas y sin distracciones? ¿Has probado a plantearte una pregunta al salir para ver si regresas a casa con una respuesta?
4. ¿Has alcanzado tu cuota diaria? ¿Cuántas páginas llevas de tu proyecto? ¿Te hace ilusión comprobar que la cantidad de páginas va aumentando?

Desarma a tu yo perfeccionista

A lo largo de las décadas que llevo enseñando a escritores y artistas de todo tipo he comprobado que el perfeccionismo es uno de los bloqueos más comunes. El perfeccionismo amenaza con dejarnos paralizados, nos hace cuestionar nuestras ideas y a nosotros mismos y defiende nuestras creencias limitantes. Esta semana desarmarás a tu yo perfeccionista al constatar que, como un matón de patio de recreo, se acobarda al plantarle cara. Trabajarás con una de mis herramientas más radicales, la «privación de los medios de comunicación», que también genera algunos de los resultados más drásticos a la hora de eliminar los bloqueos creativos. Se te animará a ser amable contigo mismo en el transcurso de la semana. Recuerda: tratarte como un objeto valioso te fortalecerá.

LA ORIGINALIDAD

Hace un día gris, con multitud de diminutas nubes blancas dispersas en el cielo. Mis pensamientos también están dispersos. Hace un día que invita a reflexionar, a cavilar acerca de las quejas habituales de los escritores.

«Julia, quiero ser original», me dicen a menudo. El deseo de ser original en realidad es una equivocación.

Me atrevería a decir que no existe tal cosa como la originalidad. Quizá todas las historias ya han sido contadas. Sería mucho más inteligente decir: «Julia, quiero ser auténtico». El deseo de originalidad nace del ego; es el ego lo que anhela ser especial. El deseo de autenticidad nace del alma; es el alma la que anhela ser honesta. Cuando analizamos el concepto de originalidad, reconocemos que el trabajo que nos resuena es, más que original, sentido. No es que sea la primera vez que oímos esa idea, sino más bien que esa idea resuena con nuestro corazón.

«Pero Julia, todo lo que tengo que decir ya se ha dicho anteriormente. No es ninguna novedad».

¿De dónde sacamos la idea de que nuestro trabajo ha de ser novedoso, que debe contar algo que nadie ha contado antes? Si nos paramos un momento a reflexionar sobre el trabajo que nos motiva, nos daremos cuenta de que no es la «novedad» lo que nos motiva, sino el reconocimiento de la condición humana. Dicho de otro modo, no algo novedoso, sino algo con lo que estamos familiarizados.

«Un día encontraré las palabras adecuadas, y serán sencillas».

Jack Kerouac

El gran profesor Joseph Campbell nos enseñó que el mito resonaba debido a que se hacía eco de historias del pasado. Según Campbell, no existen historias «nuevas», solo nuevos relatos de historias que conocemos y adoramos. *West Side Story*, ese gran musical, fue una nueva versión de una obra maestra de Shakespeare. *La guerra de las galaxias*, esa mítica película, tiene su origen en el mito. A lo mejor todas las historias son relatos oídos anteriormente y el placer reside tanto en contarlas como en volverlas a contar. La narración rigurosa de un relato nos conmueve por su rigor. Cuando perseguimos la vulnerabilidad para poner por escrito los pormenores de nuestra vida personal, expresamos lo universal, y lo universal no tiene más remedio que conmovernos. Sin embargo, el ego se resiste a una premisa tan sencilla.

«Pero Julia, mi historia ya se ha contado antes», bufa el ego. Sí, efectivamente, y eso es lo que le confiere su valor. Al confesar por escrito nuestros defectos y flaquezas, permitimos que los lectores se identifiquen con nosotros, que vivan en primera persona la historia que estamos relatando. Cuando a un trabajo le falta resonancia, es porque le falta vulnerabilidad. Para ser un gran escritor se requiere humildad, no ego.

«Pero Julia, seguro que para contar una historia se requiere ego». Mucho más que ego, se requiere valentía, la valentía necesaria para contar algo sabiendo que ya se ha contado antes, que volverá a contarse y que la narración, el verdadero relato de nuestra historia, es lo que nos hace originales. Y, sí, todos tenemos historias que contar.

Muchos pensamos que nuestras vidas son aburridas, que no ofrecen material para nuestro trabajo. Nada más lejos de la realidad. En esencia, el miedo a ser «aburrido» es el miedo a no ser original. Olvidamos que el término «original» contiene la raíz «origen», y nosotros somos el *origen* de nuestro trabajo, que, por definición, es original, no aburrido.

Cuando nos esforzamos en ser artífices de nuestras obras, descubrimos que nos volvemos más honestos. Nuestra honestidad se traduce en lo que erróneamente denominamos «originalidad». En nuestro esfuerzo por hacernos oír hemos de plantearnos la pregunta adecuada, a saber: «¿Estoy siendo completa y realmente yo mismo?». Cuando respondemos sí a esta pregunta, podemos quedarnos tranquilos porque nuestro trabajo resonará a los demás. Es aquí donde discrepo de la fra se «la familiaridad genera desprecio». Descubrimos que, por el contrario, la familiaridad genera respeto. Cuando nuestro trabajo les recuerda a los lectores un trabajo interior, no pierde, sino que gana credibilidad.

La originalidad es el fruto de la honestidad y la autenticidad.

LAS CREENCIAS LIMITANTES

«Escribir es difícil. Los escritores son seres atormentados», dice el mito.

Nuestras referencias culturales podrían llevarnos a pensar que los escritores son personas bebedoras, solitarias y autodestructivas que se sienten perdidas. Es importante analizar este mito. Con creencias como esta, ¿acaso es de extrañar que vacilemos a la hora de ponernos a escribir?

Pero ¿y si estas creencias arraigadas son erróneas? ¿Y si los escritores en realidad son personas de trato fácil? Quienes sufren y hacen sufrir a sus seres queridos son los escritores bloqueados; quienes escriben de manera habitual mantienen sus demonios a raya. El hábito de escribir a diario aporta una gran satisfacción e incluso felicidad. Los escritores prolíficos están en paz consigo mismos y con sus colegas.

No es tan importante qué se escribe como el hecho de escribir en sí. Las páginas matutinas nos permiten desahogarnos. Imagina una olla exprés en la que va aumentando la presión. Cuando la válvula se acciona y permite que el vapor de agua circule, se libera la presión acumulada. Lo mismo sucede cuando escribimos a diario. Permitir que las palabras fluyan hasta la página nos proporciona alivio y satisfacción.

«Pero Julia, los escritores están sin blanca», me dicen a veces, en este caso alguien que estaba en la cuerda floja. De nuevo diría que los que están sin blanca son los escritores bloqueados; los que se permiten la libertad de ponerse a escribir a menudo reciben una compensación económica por haber asumido ese riesgo.

La escritora superventas Elizabeth Gilbert puso en práctica el método de *El camino del artista* y obtuvo grandes recompensas a nivel creativo y económico. «Sin *El camino del artista* —me escribió—, no existiría *Come, reza, ama*». *El camino del artista* propició un superventas de millones de ejemplares.

Hace poco me abordaron mientras estaba sentada escribiendo en una cafetería. «Usted es Julia Cameron, ¿verdad? —me preguntó uno de los clientes—. Solo quiero darle las gracias. Hice el curso de *El camino del artista* y, como resultado de ello, escribí y publiqué un libro. Precisamente a mediodía he hecho una sesión de fotos para promocionarlo. Usando sus herramientas, puse mis pensamientos por escrito, y ahora me pagan por ello».

Cuento esta anécdota para ilustrar mi planteamiento: cuando escribimos por pasión, a menudo generamos ingresos. Yo he escrito varias decenas de libros, muchos de ellos por iniciativa propia, y en la mayoría de los casos por gusto, no por dinero. *El camino del artista* lo escribí a modo de manifiesto con la intención de que los lectores dieran rienda suelta a su creatividad. En un principio lo autopubliqué y se lo envié a muchas personas que supieron de su existencia por el boca a boca. El libro original, encuadernado a mano, se puso a la venta por veinte dólares, cinco más que la edición «oficial».

A medida que *El camino del artista* cosechaba popularidad, empezaron a llegarme cada vez más noticias

«Lo único que espero decir en mis libros, lo único que espero decir, es que amo el mundo».

E. B. White

del dinero que ganaban los alumnos con sus publicaciones. A veces los ingresos que generaban eran cuantiosos. Bert escribió un libro sobre el dinero y amasó una fortuna con las ventas. «Me arriesgué y me compensó con creces».

Martin Scorsese, un artista tenaz, manifestó lo siguiente: «Conectar con la propia creatividad es una valiosa herramienta para quienes hagan uso de ella». Dichos elogios eran sentidos, y los recibí de buen grado. Y sigo haciéndolo.

Hoy me ha llegado por correo una nota de agradecimiento que rezaba: «Muchas gracias por su libro. Gracias a sus herramientas, estoy terminando una novela, y ahora sé que soy un verdadero artista».

Tengo una carpeta para dichas notas, que refuerzan mi convicción de que los artistas necesitan ánimo, y estoy encantada de proporcionarlo.

Las páginas matutinas retan constantemente a mis alumnos a reflexionar sobre sus creencias respecto a la vida de los artistas. Desterrar los mitos negativos les infunde optimismo y los empuja a la acción.

La privación de los medios de comunicación

Hace un día agradable. Aprovecho la buena temperatura para sentarme al aire libre en el patio de mi restaurante favorito, el Santa Fe Bar & Grill. Mi acompañante es otra escritora, pero ella no está escribiendo.

—Me parece que necesitas un régimen —le digo mientras examinamos la carta.

—Pero si estoy muy flaca —objeta. Y lo está.

—No te estoy diciendo que cuentes calorías; te estoy diciendo que cuentes palabras. Lo que necesitas para volver a arrancar es privarte de los medios de comunicación durante una semana —explico.

Todos tenemos una cuota de palabras diaria. Las leemos, las pronunciamos, las escuchamos. La manera de usarlas es cosa nuestra. Cuando escribimos, a veces rebasamos la cuota y resulta que nos atascamos, nos quedamos sin palabras. Y cuando se nos agotan, hemos de recurrir a un truco especial. Ese truco es algo a lo que yo llamo «privación de los medios de comunicación».

En vez de usar y abusar de nuestra cuota de palabras diaria, nos privamos de ellas. Gracias a ello, las palabras empiezan a acumularse y crean una presión que al final se derrama sobre la página. La privación de los medios de comunicación es una herramienta potente y su significado es literal: nada de medios de comunicación. Efectivamente, eso significa nada de lectura y nada de pasar tiempo delante del ordenador, incluso nada de radio. A todos nos entra el pánico. ¿Nada de palabras? ¡Nada de palabras! Ni revistas ni libros ni ordenadores… Prohibidas, las palabras nos reclaman. Cuando prohibimos las palabras, estas empiezan a acumular presión. Todos somos adictos a las palabras, y, cuando están prohibidas, nos ponemos nerviosos, irascibles, de mal humor. Las echamos de menos. Sentimos la tentación de hacer trampa, de leer un pelín. Pero el hecho de no leer tiene su recompensa. Intuimos el beneficio.

Mimi se quedó atascada con una obra de teatro.

—Iba muy bien —se lamentó—. Me estaba cundiendo mucho —comentó con melancolía y cierta vanidad. Su velocidad era algo de lo que se enorgullecía. Tras darse un atracón de escribir, había agotado su pozo.

—Prueba a privarte de los medios de comunicación —le aconsejé—. Nada de lectura de ninguna clase y nada de palabras.

—¿Nada de palabras? ——preguntó con estupor.

—Nada de palabras —repetí con firmeza, y le expliqué que, al renunciar a las palabras de otros, las suyas aflorarían de nuevo. Así pues, comenzó su régimen literario. A pesar de su escepticismo, descubrió que a la semana siguiente estaba lista para retomar la escritura.

—Gracias por esta herramienta —me dijo entusiasmada—. Tenía miedo de haberme quedado en blanco para siempre.

Nuestra necesidad de escribir es muy fuerte, pero no tanto como la herramienta de la privación de los medios de comunicación.

A Richard, un novelista consumado, se le agotaron las palabras de la noche a la mañana. Había estado escribiendo a un ritmo constante y fluido, pero su entusiasmo por el libro le llevó a escribir a destajo y agotó su pozo interior.

—Me he quedado sin ideas —se lamentó Richard—. Me he quedado sin palabras.

Le aconsejé, igual que a Mimi, que intentara privarse de los medios de comunicación durante una semana.

—Me temo que jamás volveré a escribir —comentó Richard.

—Escribirás, y lo harás bien —le aseguré—. Tómatelo como un descanso.

—Me da miedo probar —confesó Richard—. Temo que, si dejo de escribir, si dejo de intentar escribir, jamás volveré a ser capaz de arrancar.

—No seas dramático —dije en tono burlón—. Prueba la herramienta.

—No se me ocurre ninguna otra idea —reconoció Richard—, de modo que probaré. Pero, dime, ¿lo de nada de lectura va en serio?

—Sí —respondí.

«El papel de un escritor no consiste en decir lo que todos podemos decir, sino lo que somos incapaces de decir».

ANAÏS NIN

—¿Ni Google? —preguntó Richard.

—Ni Google ni radio —respondí en tono categórico. Así pues, Richard se lanzó de lleno a por su semana sin palabras. Sintió la tentación de hacer trampa, de leer la guía telefónica, de leer lo que fuera, pero le insté a que estuviera atento y fuera estricto consigo mismo.

Al cabo de una semana me llamó por teléfono. Sus días alejado de los medios de comunicación habían valido la pena. Estaba pletórico.

—Ahora sé qué hacer.

—Te dije que la herramienta funcionaría —señalé.

Richard y Mimi ahora son incondicionales de esta herramienta, y no son los únicos. A menudo son los artistas más reacios a esta herramienta quienes más se benefician al probarla. Ha habido letristas que me han dicho que el prescindir del uso de una página web para rimas durante una semana ha fomentado su imaginación llevándola por emocionantes y sorprendentes derroteros.

Con frecuencia me plantean —con toda la intención, todo sea dicho— la cuestión de qué hacer cuando se tiene un trabajo en el que es importante responder a los correos electrónicos a su debido tiempo, y en el que es necesario leer. Mi respuesta es: en primer lugar, yo doy clases a adultos y no te sugiero que eludas tus responsabilidades de una forma autodestructiva. Lo que sí te pido, sin embargo, es que reduzcas la lectura en la medida de lo posible: he comprobado, en repetidas ocasiones, que hay muchas maneras de hacerlo. En el día a día hay un «exceso» de palabras, redes sociales, televisión, mensajes de texto e internet que, cuando se evita durante una semana, se libera una gran cantidad de energía creativa que empodera. Por tanto, lo que digo es que, si se trata de algo que no puede esperar, por supuesto que hay que ponerse con ello, y hacerlo usando la menor cantidad de palabras posible, pero si puede esperar..., que espere. La recompensa de privarse de los medios de comunicación es un positivo —y a menudo extraordinario— flujo de palabras. Me encanta escribir, y, por ello, me encanta esta herramienta.

Tratarte como un objeto precioso

Hace un día azul y blanco, con nubes algodonosas y un viento que azota el pino piñonero. Las turbulencias de la jornada requieren aguante. Hay multitud de tareas por delante. Todos desearíamos ser más fuertes, ser capaces de realizar los quehaceres del día cómodamente. Cumplir las obligaciones diarias conlleva un gran esfuerzo. Ponemos empeño en tener fortaleza. Sin embargo, de nada sirve toda nuestra fuerza de voluntad; el sobreesfuerzo resulta contraproducente. Al hacer acopio de fuerzas, sentimos nuestra debilidad. Nos deslomamos, nos presionamos para rendir más. De cara a una jornada de escritura, ponemos en duda nuestra inspiración. Como las palabras surgen con cuentagotas, no a borbotones, nos dejamos la piel, pero acusamos la fatiga. ¿No hay otra solución? ¿La respuesta siempre ha de ser «esfuérzate más»?

Yo opino que hay otra solución: sé amable contigo mismo. Rebaja las expectativas para tu jornada. En vez de exigirte más, exígete menos. Ponte el listón bajo. Divide el número de tareas previstas entre dos. Aplica el lema «Sin prisa, pero sin pausa». Mejor aún, plantéate esta premisa: «Tratarte como un objeto precioso te hará fuerte».

¿Cómo tratarías un objeto precioso? Trátate del mismo modo. No te exijas más de lo que buenamente eres capaz de conseguir. Ten en cuenta tus reservas de energía. ¿Estás exigiéndote más de lo que tus reservas te permiten? Ten presente que escribir requiere energía; no te exijas a ti mismo superar una cuota reducida y realizable. Descubrirás que, al exigirte menos, de hecho serás capaz de escribir más. Al dejar de presionarte, escribirás con mayor fluidez. Cuando empieces a encontrar la escritura una actividad placentera, el trabajo de cada día no te supondrá tanta obligación.

Tratarte como un objeto precioso requiere atención y práctica. Ojo con las formas de maltrato hacia ti mismo. ¿Duermes lo suficiente? ¿Estás comiendo bien? ¿Escuchas a tu cuerpo cuando dice «ahora toca descansar»? A medida que aprendas a administrar tu energía, te encontrarás con vitalidad al final del día. Tratarte como un objeto precioso te compensará, pues encontrarás inesperadas reservas de fuerzas.

El día se ha puesto gris. He escrito tranquilamente mientras el buen tiempo da paso a la tormenta. Tratándome como un objeto precioso, me voy a la cama a echar una siesta. Mi cuerpo me está diciendo «ahora toca descansar», y obedezco.

LOS SOBORNOS

No sé en tu caso, pero en el mío resulta fácil sobornar a mi yo escritor. Cuando me atasco, le ofrezco un premio por continuar. El premio —un término amable para aludir al «soborno»— puede ser material o conductual. Como mi yo escritor siente debilidad por el *chai latte*,

«Escribe solo un poco cada día, aunque solo sea media hora: escribe, escribe, escribe».

Madeleine L'Engle

digo: «En cuanto termines este ensayo, te llevaré a la cafetería a tomar un *chai latte* y un trozo de tarta de cereza».

Si el texto que tengo que escribir es corto, el soborno puede ser pequeño. Si necesito escribir algo más largo, el soborno puede ser mayor: «Te compraré ese vestido de lunares azul marino». Hay quienes consideran que el soborno es «hacer trampa» —«Escribe durante diez minutos, y te podrás tomar esa chocolatina»—, pero como yo soy escritora profesional, recurro a cualquier estrategia efectiva, y los sobornos funcionan. Saqué adelante un libro entero gracias a la tarta de cereza y los *lattes*. Un ensayo tras otro, un soborno tras otro. El vestido de lunares fue el premio por acabar un segundo borrador. Cuando me lo pongo, me siento como una escritora «con todas las de la ley». Mi recompensa por un trabajo bien hecho es tangible. Me encanta escribir y me encanta el vestido.

Los puristas insisten en que el soborno en sí debería guardar relación con la escritura: una elegante pluma estilográfica que convierta la escritura en un placer, un bonito diario para noventa días de páginas matutinas. Mi amiga Suzanne Sealy colecciona plumas estilográficas caras y escribe un diario tras otro en negrita.

«Me encanta escribir», me dice, y la suya es una escritura de caligrafía exquisita, las plumas le sirven de soborno. Le gustan.

Yo no utilizo plumas estilográficas, sino un Uni-Ball 207, un bolígrafo con el que se escribe rápidamente y que compro en lotes de cuatro. «Termina este ensayo, y te compras un bolígrafo nuevo», digo para mis adentros. El soborno funciona. A mi yo escritor le *encanta* estrenar bolígrafos.

«Termina el borrador de este libro, y te compro un conjunto nuevo», digo cuando no me encuentro muy inspirada. Mi yo escritor reacciona. Merece la pena esforzarse en escribir por un «nuevo conjunto». Me encanta escribir, y a mi yo escritor le encanta recibir un buen soborno.

La conexión

Abro el buzón y me encuentro una tarjeta de colores vivos con lirios orientales, mis flores favoritas. Es una nota de Emma Lively, que vive a miles de kilómetros, en Brooklyn. La tarjeta reza: «Querida Julie, ¡los lirios orientales siempre me recuerdan a ti! Con cariño, Emma». Me dirijo a la cocina con la tarjeta y la sujeto con un imán con forma de lirio sobre la puerta de la nevera. Me siento agradecida por la vistosa tarjeta y más aún por la nota.

Escribimos para expresarnos, pero también para conectar. La conexión es una necesidad fundamental del ser humano. Desde la era de los cavernícolas, grabamos los mensajes en piedra con la esperanza de que fueran leídos y entendidos. A medida que mejoró nuestra capacidad de comunicación, los mensajes adquirieron una mayor complejidad. «Yo estoy aquí y tú ahí», decían los mensajes originales que crearon las relaciones humanas. A partir de ahí, pasamos a expresar los sentimientos. «Yo estoy aquí y tú, ahí, y así es como me siento respecto a eso». Con el paso del tiempo, los mensajes adquirieron una mayor complejidad, mejoró nuestra capacidad de expresar matices y conceptos. Finalmente fuimos capaces de comunicarnos con fluidez, y la experiencia de esta conexión supuso un alivio.

El detonante de los mensajes fue la necesidad de relacionarse del ser humano. La conexión se volvió cotidiana, práctica, a medida que mejoraba nuestra capacidad de expresión. La necesidad de relacionarse continúa siendo un anhelo primordial del ser humano. «Yo estoy aquí y tú, ahí, y estamos juntos en este mundo». Escribimos para reconocer y reforzar nuestro vínculo. Nuestra conexión es primaria.

Como artistas, también debemos relacionarnos con otros artistas. Conectamos a través de nuestro arte, y conectamos de artista a artista. Estoy leyendo una novela, *Rio Bardo*, de mi amigo Logan Sven Peterson. La abundancia de flora y fauna en el libro pone de manifiesto la atención por el detalle de Logan. Ayer me encontré casualmente con él.

—Llevo tu libro por la mitad —le comenté—. Eres un escritor maravilloso.

Él se sonrojó por mi cumplido.

—Siempre me asombra enterarme de que alguien está leyendo el libro —confesó.

—Pues yo lo estoy leyendo y estoy disfrutando de él. Tu atención por el detalle es maravillosa.

—Gracias. Significa mucho para mí. Ha llegado el momento de promocionar el libro y resulta que, a pesar de que me encantó escribirlo, odio promocionarlo.

—Te entiendo —le dije—. Pero tú eres un escritor con todas las de la ley. Creo que es necesario que lo tengas presente a la hora de promocionar tu trabajo.

—¡Dios te oiga! —exclamó—. Disfruté realmente del proceso de escribirlo.

Pensé en mi amiga Natalie Goldberg y en su patente pasión por la escritura. La contrataron como escritora en residencia en un centro de retiros próximo a la costa de Seattle. Apenas pudo reprimir su euforia cuando me dijo: «Me dan casa, coche y nada que hacer durante cinco semanas salvo escribir. Estoy deseando irme». Natalie y yo somos amigas desde hace veinticinco años. Sentimos mutua admiración por nuestro trabajo y nos animamos la una a la otra para continuar creando. Natalie, que superó una leucemia, escribió un libro sobre el cáncer recientemente. «Mi agente literario las pasó canutas para venderlo. El tema era demasiado deprimente. Pero Shambala Publications, la editorial que publicó mi primer libro, *El gozo de escribir*, lo consiguió. No obtuve mucho dinero, pero quería que el libro saliese a la luz».

Con la venta asegurada de su libro sobre el cáncer, Natalie tiene la libertad de abordar otros temas. Quiere escribir un libro sobre Japón y los viajes que ha realizado allí en los últimos tiempos. A lo mejor las cinco semanas de residencia le sirven para arrancar. El hecho de saber que mis amigos escritores están al pie del cañón me infunde una sensación de pertenencia y camaradería.

El correo electrónico nos ha proporcionado un medio para conectar fácilmente. Mi buena amiga Sonia Choquette se mudó de Chicago a París hace poco. La he echado muchísimo de menos, hasta que recibí un correo en el que me contaba los pormenores de su vida parisina. Yo le contesté contándole los detalles de mi vida en Santa Fe.

«Qué bien, mantengamos el contacto por correo electrónico», respondió Sonia enseguida. Y eso hicimos. Las cartas tardan mucho en llegar, mientras que el correo electrónico es instantáneo: conectamos con nuestros amigos y colegas al instante. Verbalizamos nuestros mensajes, pulsamos «enviar» y la entrega se realiza en un abrir y cerrar de ojos. Estamos conectados.

«Escribimos para saborear la vida dos veces: en el momento y en retrospectiva».

Anaïs Nin

Hay detractores del correo electrónico, pero yo lo considero un invento positivo, me recuerda los tiempos en los que el servicio postal británico realizaba múltiples entregas a diario y las cartas eran prácticamente un medio de comunicación inmediato. Hace poco compartí una velada con una guía del Museo Georgia O'Keeffe. Me habló del gran volumen de correspondencia que Georgia O'Keeffe mantuvo con su amante y más tarde esposo, Alfred Stieglitz. El suyo fue un romance apasionado alimentado por la palabra escrita.

O'Keeffe, cuyo signo solar era escorpio, el más apasionado del zodiaco, escribía a Stieglitz con apremio. Los visitantes del museo se hacen una idea de su ardorosa sensualidad.

«Conecta, y punto», se dice que comentó el poeta Theodore Roethke, y O'Keeffe se tomó el consejo al pie de la letra.

«Las cartas eran *ardientes* —señaló la guía con asombro—, y escribieron miles». Las pinturas de flores de Georgia O'Keeffe revelaban su naturaleza apasionada, pero sus cartas revelaban aún más.

Hace una noche tormentosa y enseguida oscurece. Sentada a la mesa del comedor, bajo la luz de una lámpara de araña, escribo cartas a los amigos que viven lejos. Uno en particular despierta mi interés. Me descubro a mí misma desviándome de la amistad al romance.

«Te echo de menos —escribo—. ¿Cuándo podemos vernos?». Mi amigo y yo vivimos a más de mil kilómetros de distancia. Nuestras tarjetas se cruzan en el correo postal. Palabra a palabra, vamos intimando muy poco a poco. Organizaremos un encuentro para dentro de un mes. Hasta entonces, nuestra pasión, un fuego cuidadosamente aplacado, permanecerá sobre el papel. En

la correspondencia de esta mañana había una tarjeta
con el cierre «Con cariño». Al leerla, siento una chispa
de conexión.

ENCUENTRO CON UN ESCRITOR

Cada jueves a las seis de la tarde quedo con mi amigo
y colega Nick Kapustinsky para cenar. Digo que quedamos para cenar, pero la cena es algo secundario. Quedamos para intercambiar poemas: cada uno lleva un
poema para someterlo al escrutinio del otro. Nick es
un magnífico poeta, y su obra aligera el ambiente. El
poema de la semana pasada trataba acerca de la pérdida
de un amor:

> *Acantilados y fosos imposibles,*
> *ahí es donde más te quise.*
> *Ahora, sentado en la hierba crecida,*
> *mis sueños llegan a su despedida.*

El poema de Nick transmite el sentimiento de aban-
dono que experimentó con la pérdida de un gran amor.
Pido salmón a la parrilla y le tiendo el poema sobre la
mesa. Es un poema corto, de cinco versos en total, que
comienza así: «De noche las estrellas no son tan cerca-
nas como lejanas…».

Nick lee mi poema con aire pensativo, disfrutando
de mi quinteto. Ponemos el listón más alto: la semana
que viene llevaremos tres poemas, dos antiguos y uno
nuevo. Durante la pandemia suspendimos nuestras ce-
nas y se nos acumularon los poemas. Ahora vamos con
la lengua fuera para ponernos al día después de un año.
Nick, aficionado al montañismo, escaló las montañas

«Puedes hacer cualquier cosa al escribir».

C. S. LEWIS

de Santa Fe durante la pandemia y escribió acerca de ellas con una gracia vigorosa. A mí me encantan sus poemas sobre las montañas y aguardo con expectación los siguientes. Mientras espero a que me sirvan el salmón, leo en voz alta el poema de Nick.

—Eres una magnífica lectora, siempre haces que mis poemas suenen mejor de lo que son —comenta Nick.

—Tonterías —le digo—. Es que son buenos.

Me sirven el salmón y nos ponemos a comer en silencio. Le tengo cariño a nuestro restaurante, el Santa Fe Bar & Grill. Nick saborea sus tacos de carne y ostras rebozadas, jugosos como su poema.

Nick y yo somos amigos desde hace cinco años, un vínculo creado por nuestro amor por la escritura… y por la escritura del otro. A veces le leo algún ensayo del que me siento orgullosa. Nick escucha con suma atención, tan en silencio que temo que esté aburriéndose. Pero no, simplemente está concentrado. Sus posteriores comentarios ponen de manifiesto su absoluta atención.

Nick y yo a menudo trabajamos juntos, nos ayudamos mutuamente a responder a correos electrónicos elaborando respuestas «de autor». Nuestra prosa tiene frescura; somos, si no concisos, breves, y vamos al grano. Cuando escribo por mi cuenta, sin la orientación de Nick, me descubro pensando: «¿Qué diría Nick aquí?».

En las vacaciones, intercambiamos libros tras seleccionar cuidadosamente algo que pensamos que le gustará al otro. Nick es muy leído en poesía norteamericana contemporánea. Su criterio para elegir libros es muy amplio y con frecuencia me recomienda a poetas que no he leído.

¿He mencionado que Nick es un magnífico actor además de escritor? Encuentro que las palabras de mis obras de teatro encajan bien con su dicción. Durante la pandemia hicimos una producción de mi obra *Love in the DMZ* por Zoom. Nick interpretó al protagonista masculino, un soldado en Vietnam. Nuestra audiencia contó con numerosos veteranos de Vietnam, que elogiaron la interpretación de Nick. La obra obtuvo magníficas críticas, las cuales destacaron su actuación. A mí, como autora, me emocionó ver a mi personaje cobrar vida en sus manos. Colgué la producción en mi página web, juliacameronlive.com.

«Me dejas en buen lugar», le comenté a Nick.

«Tú me dejas en buen lugar a mí», dijo él, haciéndose eco de mis palabras.

Amigos, colegas, colaboradores…, disfrutamos de nuestra mutua compañía. Como artistas, valoramos enormemente el apoyo. Qué lejano se me antoja el jueves.

Tomarse descansos

Hoy el viento, después de varios días de gran intensidad, mece suavemente en vaivén las ramas del pino piñonero. La suavidad del viento es un alivio. Hoy reina la calma, también en mi escritura. Después de pasarme la mitad de la semana escribiendo sin parar, un ensayo al día, estoy lista para tomarme un respiro. Sé de buena tinta el desgaste que conlleva el sobreesfuerzo. Sé de buena tinta los síntomas del exceso de trabajo. El agotamiento dificulta la escritura, y, por tanto, he aprendido a parar y tomarme un descanso antes de que el agotamiento haga mella en mí.

No siempre fui tan sensata. Cuando era joven atacaba los proyectos con una férrea determinación. Me dejaba la piel trabajando un día tras otro, haciendo caso omiso de los signos reveladores de la fatiga creativa. Al principio escribía bien, y luego, después de avanzar contra viento y marea para continuar a toda costa, mi escritura perdió sustancia al estar forzada por el exceso y el ritmo. Escribía hasta la extenuación. Mi escritura se resintió debido a ese sobreesfuerzo, y sin embargo —y a pesar de ello— me machacaba para continuar.

Pasaron años en mi carrera de escritora hasta que aprendí a prestar atención al descanso que necesitaba mi espíritu. Estaba escribiendo una novela, *The Dark Room*, y me iba bien… hasta que dejó de irme bien. Me devané los sesos tratando de captar el momento culminante de la novela. Me pregunté por qué de repente me estaba resultando tan ardua. Digo «de repente», aunque los signos de fatiga eran evidentes, si me hubiera molestado en prestar atención. En vez de eso, seguí erre que erre, al tiempo que mi lenguaje se volvió plano, y las imágenes, elusivas. Pese a mis grandes esfuerzos, me quedé en blanco. Había agotado mi pozo interior. Necesitaba un descanso.

Desanimada y consternada, aparqué la novela. Me castigué diciéndome a mí misma que me faltaba «aguante» para terminarla. Me sometí a un plan de recuperación sin escribir. Organicé cortas salidas creativas: citas con el artista, como yo las denomino. Día a día, sentía que recuperaba la energía. Se me pasó el malhumor. Un día me vi preparada para abordar mi novela de nuevo. Con los días de descanso había recuperado las fuerzas, y, con ellas, mi capacidad de escribir. Una vez más me puse manos a la obra, pero con una diferencia: mi periodo improductivo —el bloqueo del escritor— me había asustado. Retomé la novela a un ritmo moderado; se acabó lo de escribir a toda máquina. A partir de entonces presté atención a los síntomas de sobreesfuerzo y, en vez de seguir adelante contra viento y marea, me lo tomé con calma. Decidí organizar citas con el artista de manera habitual para reabastecer mi pozo interior. Al trabajar con moderación, mi novela floreció bajo mi mano. La terminé, la vendí y le di las gracias: me había enseñado la sabiduría que entraña el dicho «Sin prisa, pero sin pausa». Entonces supe que no solo significaba «afloja el ritmo», sino «despacito y con buena letra».

Suelto el bolígrafo y decido dar una vuelta en solitario en coche, una de mis formas favoritas de tomarme un descanso.

La subida desde el lecho del valle hasta las cumbres montañosas es escarpada y con curvas, hasta tal punto que la señal del límite de velocidad indica quince kilómetros por hora. Me dirijo a las cumbres para contemplar los bosquecillos de álamos temblones, que se tiñen de un resplandor dorado con el frescor del otoño. Desde abajo, los llameantes picos dorados crean un llamativo tapiz de *patchwork* drapeado sobre las montañas. El esplendor del álamo temblón es breve: dos semanas escasas. He aprendido a ir pronto no vaya a ser que me lo pierda.

En las laderas inferiores hay árboles de hoja perenne, juníperos y pinos piñoneros. Los álamos temblones no muestran todo su fulgor dorado hasta que no llego a lo alto. «Gracias, Señor», digo con un suspiro contemplando su esplendor. Los árboles son agujas como lanzas doradas que perforan el cielo azul celeste; las oraciones de alabanza son la respuesta natural a su belleza. Al internarme en la alameda, el coche se adentra en una catedral, los imponentes chapiteles rozan los cielos. El lecho del bosque es una alfombra dorada sobre la que los altos árboles dejan caer sus hojas en una imponente cascada.

«Hosanna en el cielo». Me da un vuelco el corazón. La grandeza de la alameda da pie a alabanzas de regocijo. La luz de la tarde se filtra entre los árboles con rayos de fuego. Toda la belleza que me rodea me da una lección de humildad. Mi alma se sobrecoge.

El Gran Creador está alardeando. La majestuosidad refleja la divinidad. La belleza es una puerta a lo divino y esta belleza en particular exige un corazón respetuoso. «Gloria a Dios en el cielo», manifiesta el corazón. La exaltación embarga el espíritu. El gozo es la tónica del día. No creo que sea posible contemplar esta belleza sin dirigir los pensamientos a su creador. Hasta un ateo abriría su corazón a lo divino.

Al salir de la arboleda, la sensación de sobrecogimiento perdura. En el descenso por las escarpadas curvas hacia el lecho del valle, el corazón continúa sobrecogido. Seguro que semejante belleza tiene un origen divino. Me siento tranquila y al mismo tiempo revitalizada; mi pozo interior está lleno.

De vuelta en casa, cuaderno en mano, echo un vistazo por la ventana y veo el pino piñonero meciéndose suavemente con el viento. Me dispongo a terminar este ensayo. En vez de seguir erre que erre, hago una pausa. En la pausa me vienen las palabras.

«Las palabras rebotan. Si las dejas, las palabras harán lo que quieran y tengan que hacer».

ANNE CARSON

GESTIONAR EL RECHAZO

Hoy he almorzado con un maravilloso escritor que acaba de ser rechazado por una conocida editorial. Él sabía que su libro era bueno; ya había sido publicado en una ocasión por una pequeña editorial y había recibido magníficas críticas. Posteriormente decidió publicarlo a gran escala. El libro lo merece. Él estaba apenado por el rechazo, pero también sentía curiosidad. Sabía que cuando el universo cierra una puerta, a menudo abre otra. Su agente literario seguirá intentándolo. Él esperaba un triunfo inmediato, pero estaba preparado para un largo recorrido.

Le he contado el recorrido de mi novela *El fantasma de Mozart*, que fue rechazada en cuarenta y tres ocasiones hasta que dos editoriales me hicieron una oferta al mismo tiempo. Le he explicado que, a lo largo del interminable proceso, conté con la fe de mi buena amiga y espejo creyente Sonia Choquette. Cada vez que rechazaban el libro, Sonia comentaba: «Veo que este libro se publica». Su optimismo a ultranza me infundió el coraje necesario para no darme por vencida. Ojalá mi amigo tuviese el mismo coraje.

—Yo seré tu espejo creyente —le he dicho a mi amigo—. Veo que tu libro también va a publicarse. Es solo cuestión de tiempo.

—Qué optimista eres —ha comentado mi amigo.

Pero yo he objetado:

—No soy optimista, soy realista. Y, siendo realistas, tu libro es magnífico. Saldrá adelante.

Le he dicho a mi amigo que yo había aprendido esa lección. Cuando escribí *El camino del artista*, al enseñarle el manuscrito a mi agente, ella comentó: «Oh, Julia, no hay mercado para un libro sobre creatividad. Vuelve a escribir guiones; ahí es donde tienes éxito». Al igual que mi amigo novelista, yo sabía que el libro era bueno. Por tanto, despedí a mi prestigiosa agente y confié en que el universo proveería y que de algún modo el libro se vendería. Esto requirió valentía, más

«El mejor trabajo que alguien haya escrito es el trabajo que está a punto de avergonzarle, siempre».

ARTHUR MILLER

de la que sentía que tenía. Yo confiaba, pero ¿qué había hecho? La duda me reconcomía a todas horas.

—Tengo miedo de haber cometido un error garrafal al despedir a mi agente —me lamenté.

—Tonterías —repuso mi novio—. El libro es bueno, y tengo el número de teléfono de otra agente, Susan Schulman.

—Me da miedo llamarla —protesté. Y era cierto.

—La llamaré yo de tu parte —dijo él. Marcó el número y le soltó un rollo acerca de las bondades del libro.

«Cada año, en Navidad, consigo un libro maravilloso —le dijo Susan Schulman—, así que mándame el manuscrito. A lo mejor el de este año es el tuyo». Le enviamos el manuscrito a Susan Schulman y nos quedamos en ascuas. ¿Y si ella coincidía en que el libro era invendible?

La Navidad llegó y pasó. El día después del Año Nuevo, me llamaron por teléfono. Era Susan Schulman, que se ofreció a ser mi representante. «Estupendo», dijo mi novio con entusiasmo al pasarme el teléfono.

«Me encantaría representarte —dijo Susan—. Creo que sé justo dónde debería publicarse este libro».

Así pues, acordamos que se encargase del libro. Al cabo de dos semanas tenía una oferta: Jeremy P. Tarcher, el magnífico editor que dirigía la principal editorial de libros de creatividad de Estados Unidos, estaba interesado en comprar *El camino del artista*.

Por tanto, me siento optimista acerca del destino de la novela de mi amigo. Mientras se regalaba el estómago con cucharadas de potaje de judías —comida reconfortante—, yo le regalaba el oído con frases reconfortantes.

—Tu libro es magnífico —señalé—. Ya lo he leído tres veces. Alguien maravilloso lo comprará. No te des por vencido.

Mi amigo apuró el potaje.

—Dios te oiga —comentó. Pensé que Dios había aguzado el oído, pendiente de las noticias sobre una magnífica novela. Se publicaría, tal y como merecía.

El Muro

Hace un día soleado, azul y blanco: un día para el entusiasmo. Todo va bien y, reflexiono, siempre es así al principio. Se empieza a escribir con entusiasmo. Nos lanzamos de lleno a un proyecto con optimismo. Se nos ocurre una idea, confiamos en nuestra capacidad para llevarla a cabo, nos disponemos a ponerla por escrito. Todo va como la seda durante un tiempo… hasta que topamos con «el Muro». El Muro aparece, en la mayoría de los casos, cuando llevamos aproximadamente dos tercios del trabajo. Básicamente, el Muro es duda. Lo que antes nos parecía una buena idea de pronto nos parece cuestionable. Ponemos en duda su validez. Ponemos en duda nuestra propia capacidad. Esta duda es como tirar piedras sobre nuestro propio tejado. La escritura se interrumpe.

«Julia, la duda me reconcome hasta tal punto que de buenas a primeras me paraliza», me han dicho en multitud de ocasiones. Me hago cargo. La duda es un sentimiento tremendamente doloroso. Nos tienta a abandonar nuestro trabajo para dar giros creativos de 180 grados.

«Julia, iba muy bien y luego me dio por pensar "¿Y si me estoy engañando a mí mismo?"». Esa es la voz de la duda, la que susurra que carecemos de talento y que nuestras esperanzas de triunfar son meros castillos en el aire, la que nos empuja a desconfiar de nuestras percepciones. El Muro es imponente.

Por lo general, cuando nos topamos con el Muro, intentamos tomar impulso para salvarlo. «Sí que es una buena idea», nos decimos, a la defensiva. «Sé de buena tinta que la idea es buena». Pero nuestro forzado optimismo no garantiza el éxito. El Muro continúa en pie, proyectando su agorera sombra sobre nuestro trabajo. Somos como presos en el patio de una prisión. Nos vemos abocados a caer en la desesperación. El Muro sale victorioso: somos incapaces de rebasar su altura. Pero ¡un momento! Hay una manera de salvarlo, y es colarse por debajo. En vez de tratar de convencernos a nosotros mismos de lo extraordinaria que es una idea, hemos de decir: «Estoy dispuesto a terminar este trabajo aun cuando mi idea sea pésima», o, en otras palabras: «Estoy dispuesto a escribir mal».

En el momento en que aceptamos la posibilidad de escribir mal, empezamos a gozar de libertad, y el Muro deja de dominar nuestro paisaje emocional. Como presos que tratan de huir de la prisión, hacemos bien en no trepar al Muro, sino en excavar un túnel hacia la libertad. Este planteamiento resulta novedoso para la mayoría. En realidad no estamos dispuestos a escribir mal, y sin embargo, cuando nos damos permiso para ello y dejamos abierta esa posibilidad, a lo mejor resulta que en efecto escribimos bien, que definitivamente escribimos lo bastante bien como para terminar el proyecto. El Muro se desploma ante nuestra tenacidad. El Muro no resiste nuestra actitud subversiva. Ganamos estando dispuestos a perder. El «estar dispuesto a escribir mal» nos libera.

EL DISFRUTE

Comenzaré por dónde estoy: en la biblioteca, en mi silla de despacho, examinando la habitación en busca de inspiración. ¡Ya lo tengo! Me decido por una fotografía de mi difunto padre en la que aparece con su terrier escocés en brazos, al que le puso el gracioso nombre de Blue (como el de la canción de folk). *«I had an old dog, and his name was Blue. Bet you five dollars she's a good dog too».* En la foto, mi padre parece sumamente protector, lo mismo que el pequeño Blue. Eran un tándem, se protegían y guiaban el uno al otro. Vivían en el velero de mi padre, amarrado en Longboat Key, en Florida. Era un embarcadero idílico. En las palmeras que rodeaban el puerto deportivo había bandadas de llamativos loros. Flores de colores vivos —rosa, naranja y rojo— flanqueaban los caminos. Mi padre, que no era amante de la jardinería, disfrutaba de ellas. En sus breves cartas mencionaba su belleza.

Cuando vivía en mi rancho en Nuevo México, le escribía casi todos los días para describirle la belleza y el perfume de los campos de salvia, para hablarles a él y a Blue de mi jauría de perros, siete en total. Sacaba a pasear a mis perros por esos campos todos los días. Mi padre sacaba a pasear a Blue por los floridos caminos todos los días. Me hablaba de loros silvestres. Yo le hablaba de las pícaras urracas. Nuestras cartas a veces se cruzaban en el correo.

Nos contábamos mutuamente lo que nos deleitaba. Los llamábamos «informes de flora y fauna». «He avistado una garza azulada», escribía mi padre con regocijo. Yo respondía: «Aquí hay una lechuza que sale al anochecer». Desde la proa de su barco, mi padre divisó un torpe manatí. Yo contesté hablándole de la manada

«Me encanta escribir. Me encanta el remolino y el vaivén de las palabras cuando se enredan con las emociones humanas».

JAMES MICHENER

de búfalos que tenía un vecino. El repique de campanas se dejaba sentir en todo el valle de Taos. Una pequeña capilla realzaba el extremo del puerto deportivo de mi padre.

«¿Tú en qué crees, papá?», le pregunté en una ocasión a mi padre, que obviamente veía a Dios en la naturaleza. Se rio entre dientes a modo de respuesta.

«Creo en ir sobre seguro», adujo, con gesto socarrón.

De mi padre aprendí a valorar el sentido del humor y el disfrute. Mi madre, Dorothy, fue el amor de su vida. Tras su prematura muerte, mi padre vendió la gran casa familiar y se compró el barco. Lo llamó «Dorothy II», un sacrílego homenaje a su difunta esposa. Ella habría apreciado su sentido del humor y ser recordada.

En la foto, mi padre lleva un jersey azul claro que le regaló mi madre antes de fallecer. Mi perrita, Lily, un terrier blanco que a veces se conoce como «terrier escocés», se repantiga a mis pies para hacer guardia. Es una buena compañera, igual que Blue. Yo estoy loca por mi perrita, igual que mi padre. Cuando digo «Lily, qué buena eres», ella mueve la colita. Desde dondequiera que estén ahora mi padre y Blue, siento que nos observan con gesto de aprobación. Escribo acerca de mis alegrías, y de las suyas.

✐ TAREAS

1. Creencias limitantes: a menudo tomamos decisiones basadas en creencias que asumimos como verdaderas —al fin y al cabo son creencias—, pero el mero hecho de creer en ellas no las convierte en verdaderas. Completa rápidamente las siguientes frases:

Los escritores son…
Los escritores son…
Los escritores son…
Los escritores son…
Los escritores son…

Mira la lista. ¿Abrigas creencias negativas sobre los escritores? Conviértelas en positivas. ¿Puedes citar ejemplos de escritores que sin duda poseen las cualidades que has mencionado?

2. Privación de los medios de comunicación: aléjate de los medios de comunicación en la medida de lo posible durante una semana entera. Cuando presento esta herramienta en mis clases, siempre me responden con renuencia y argumentos de que es imposible ser un adulto responsable sin consultar el correo electrónico. Me hago cargo de esto, y no te pido que sabotees tu trabajo, pero sí que prescindas de los medios de comunicación en la medida de lo posible. ¿Cuál es el tiempo mínimo que puedes pasar al teléfono o con el correo electrónico? ¿Puedes alejarte de las redes sociales, la televisión y los pódcast? Esta es una de las tareas más desafiantes —y efectivas— que he creado. A menudo quienes más se resisten son los que logran cambios más transformadores.

3. Tratarte como un objeto precioso: el tiempo que pases privándote de los medios de comunicación es ideal para dedicarlo a mimarte, darte caprichos y cuidarte. A lo mejor resulta que, durante ese periodo, dispones de tiempo de sobra. ¿Puedes mimarte esta semana con un baño caliente, un masaje, una siesta, con una pausa para tomar un chocolate en taza y observar a la gente u organizando una cita con el artista adicional? Por favor, date un capricho, tómate

un respiro u organiza una salida especial cada día de esta semana.

4. El Muro: llegados a este punto del proceso, es normal toparse con el Muro. Recuerda que, para salvarlo, hay que excavarlo en vez de intentar encaramarse a él. Cuando nos topamos con el Muro, el truco consiste en seguir adelante estando dispuesto a escribir mal. Comprométete nuevamente con tu cuota diaria, tus páginas matutinas, citas con el artista y paseos. A mí me gusta pegar una nota en mi mesa: «Gran Creador, ocúpate de la calidad, y yo me encargaré de la cantidad».

5. El disfrute: busca algo que te encante en tu casa o fuera de ella. Podría ser la foto de un ser querido, un puesto de flores, un cachorro tirando de la correa en el parque… Siéntate y escribe acerca de esas cosas con las que disfrutas. ¿Qué te cautiva? ¿Cómo te hace sentir? ¿Qué te evoca? Presta atención a tu estado de ánimo cuando termines de escribir. ¿Te has animado?

REGISTRO

1. ¿Cuántos días has hecho tus páginas matutinas esta semana? ¿Has sido capaz de ponerte con ellas enseguida y escribirlas sin interrupciones o distracciones?

2. ¿Has organizado tu cita con el artista? ¿En qué consistió? ¿Qué tal fue? ¿Sentiste sincronía, optimismo, la sensación de un poder superior benévolo o las tres cosas?

3. ¿Has dado tus paseos? ¿Has sido capaz de caminar a solas y sin distracciones? ¿Has probado a plan-

tearte una pregunta al salir para ver si regresas a casa con una respuesta?

4. ¿Has alcanzado tu cuota diaria? ¿Cuántas páginas llevas de tu proyecto? ¿Te hace ilusión comprobar que la cantidad de páginas va aumentando?

Celebra tus logros

¡Hurra! Al término de las seis semanas es el momento de celebrar lo que has logrado y planificar el futuro. Ahora dispones de un extenso juego de herramientas que te sirve de apoyo para ser un escritor productivo y prolífico. Conforme continúas avanzando en tu proyecto, te irás preparando para los siguientes pasos. Una vez que termines el primer borrador, aprenderás a pulirlo, reescribirlo y compartirlo. Espero que consultes los ensayos de este manual a medida que los necesites mientras avanzas, que uses este libro como herramienta de apoyo con el fin de escribir para vivir.

LOS PRIMEROS BORRADORES

Aaah. Sueltas un suspiro de alivio: tu primer borrador está listo. ¿Cómo sabes que está listo? Porque has contado la historia de principio a fin. Puede que el final parezca repentino, pero más vale eso que alargarlo. Saber cuándo está listo el borrador requiere intuición. «Intuyes» que llega el final. Sientes que te has «explayado». No hay ninguna fórmula mágica que te avise para parar, sino que sientes que tu borrador está terminado.

Hace poco escribí una obra de teatro sin un final en mente. «¿Cómo termina esta obra?», me preguntaba en vano. Mientras se iba desarrollando escena tras escena, buscaba pistas para un final adecuado, pero cada escena tenía un momento culminante que decía «aún no». Estaba alcanzando la extensión adecuada de una obra de teatro. Sin ningún final a la vista, el público se aburriría. Entonces, una noche dedicada a la escritura como cualquier otra, conseguí un final. La obra, titulada *True Love*, terminaba con un beso. ¿Demasiado sentimental? No, para esta obra era lo idóneo: el repentino e inesperado achuchón que anunciaba el final.

Yo había escrito obras de teatro anteriormente, pero siempre al menos vislumbrando un final. Con esta obra aprendí una valiosa lección: confía en ti. Confía en tu material, en tus posibilidades. Se me pidió que antepusiera el instinto y la intuición al intelecto. Tras haber aprendido esa lección, ahora la enseño: confía en ti.

Has escrito tu libro, obra de teatro o guion y lo conoces mejor que nadie. Comprobarás que te quedas sin energía si tratas de continuar escribiendo más allá del final natural. En vez de eso, prepárate para dejarte sorprender. Deja que los personajes tengan la última palabra. Ellos te indicarán: «Es el momento de parar. Hemos terminado».

Es conveniente plantearse el proyecto en tercios. El primer tercio para presentar a los personajes junto con su pregunta o problema; el segundo tercio para contextualizar la pregunta o el problema a lo largo del tiempo; y el tercer y último tercio para responder a la pregunta o solucionar el problema.

Planteado así, es fácil situar el final: cuando la pregunta se responde o el problema se soluciona. Si no hay

«Las páginas están todavía en blanco, pero hay un sentimiento milagroso de las palabras, de estar allí, escrito en tinta invisible y clamando ser visible».

VLADÍMIR NABÓKOV

resolución, sigue escribiendo y, si la hay, deja de escribir. El sentimiento de satisfacción con un borrador se genera cuando decimos «ajá», cuando resolvemos el problema o la pregunta. Cuando dejamos el problema o la pregunta en el aire, o cuando damos la respuesta equivocada, el borrador no nos satisface.

Pongamos por caso que estamos escribiendo un borrador sobre el amor. La pregunta es: «¿Encontrará él o ella el verdadero amor?». La respuesta equivocada es: «Él o ella encontró trabajo». Si tu borrador responde correctamente, lo sabrás. El clic al encenderse nuestra bombilla es casi audible cuando la respuesta aparece ante nuestros ojos. Una sensación de culminación en nuestro interior nos dice: «Es suficiente».

Tal vez esto te parezca vago, pero el sentimiento es todo menos vago. Si tratas de acabar el borrador demasiado pronto o de alargarlo en exceso, se activará tu sexto sentido. Es un busca interno que emite la señal de «error». No tienes por qué preocuparte, pues todos tenemos este sexto sentido innato. Y, por tanto, insisto, confía en ti. Confía en que la historia que has contado sabe dónde termina. Te lo indicará. Confía en tu borrador.

LOS SEGUNDOS BORRADORES

«Uf», pensamos al terminar el primer borrador de un proyecto. Nos da un subidón de satisfacción por un trabajo bien hecho. Es un momento de triunfo. Puede que nos sintamos eufóricos y al mismo tiempo agotados. Ha llegado el momento de hacer una pausa, de dejar que el texto repose. Un día, una semana, un mes…, tarde o temprano, llegará el momento de retomar el trabajo, el segundo borrador.

El proceso del segundo borrador no comienza escribiendo, sino leyendo. Revisamos el primer borrador y encontramos desatinos y aciertos de pleno. En algunas partes, el primer borrador parece infumable; en otras, insuperable. En general, el manuscrito es prometedor, pero tiene imperfecciones. Ahora nuestro cometido consiste en mejorarlo. ¿Y cómo lo hacemos?

Para empezar, analizamos nuestra actitud. ¿Estamos dispuestos a seguir trabajando o nos empeñamos en decir que el borrador está bien así? Que no te quepa la menor duda: escribir implica reescribir. Un primer borrador es exactamente eso: un primer borrador. Ahora ha llegado el momento del segundo borrador, un borrador mejorado. Para empezar, debemos vencer la resistencia de nuestro ego al cambio. Debemos tener la suficiente amplitud de miras como para abrirnos al cambio. Pero ¿cómo sabemos lo que es? He aquí el cómo.

Has escrito un primer borrador y lo has leído entero. Ahora llega el momento de releerlo, esta vez con el bolígrafo en mano. Mientras lo lees, vas a hacer un esquema. Por ejemplo:

Páginas 1-4: presentación del primer personaje
Páginas 5-9: presentación del «problema»
Páginas 10-15: primer intento de solucionar el problema

Al revisar el borrador, identificarás —y harás tuyos— las personas, los escenarios y los acontecimientos de la trama. El esquema te revela la estructura. Puede que a veces detectes un «cambio» inmediato, o que un personaje aparezca pronto y que luego reaparezca demasiado tarde. Si detectas este problema, lo resolverás adelantando la reaparición del personaje. A veces basta con un simple cambio en el orden de las escenas.

Yo utilizo cuadernos de rayas cuando hago esquemas. Pongo los números de las páginas en el margen izquierdo y el contenido de las escenas a la derecha, procurando que quepa en una línea. Reviso el borrador entero y anoto la información significativa. A lo mejor tardo una hora o dos en terminar el esquema, pero es un tiempo bien empleado. Esquematizar proporciona claridad. Un esquema bien realizado se asemeja a una línea férrea en la que cada anotación es una traviesa.

Una vez terminado el esquema, haz una copia de él. Con el primer esquema sabes con qué cuentas exactamente. El segundo es para realizar cambios. Pega los dos esquemas en la pared que tengas junto a tu rincón para escribir. A continuación ponte manos a la obra. ¿Qué cambios te indica el esquema que has de realizar? ¿Es necesario añadir escenas? ¿Dónde? Haz una anotación en tu segundo esquema. ¿Hay que eliminar escenas? Pues hazlo en el segundo esquema. Conforme avances por tu «línea férrea», añade y elimina según sea necesario. No te sorprendas si te vienen a la cabeza escenas enteras. Simplemente apúntalo y continúa avanzando por tu línea férrea. Repasa el esquema de principio a fin sin saltarte nada, sin escribir «como Dios manda». El hecho de realizar esta tarea evita que te pierdas al reescribir.

Tienes un registro de tu primer borrador, y un bosquejo del segundo: ahora estás preparado para escribir. Comenzando por la parte de arriba, ve pasando de una anotación a otra y realizando los cambios previstos. Respeta el orden de las anotaciones, aunque sientas la tentación de saltártelo. Trabaja de manera ordenada, desde el principio hasta el final.

«Escribir es como conducir de noche con niebla. Solo alcanzas a ver hasta donde alumbran los faros, pero puedes realizar todo el viaje así».

E. L. Doctorow

¡Enhorabuena! Ya has conseguido un segundo borrador. Para seguir adelante, simplemente repite el proceso que has aprendido. Lee el segundo borrador, haz un esquema de él y cópialo. Repasando el itinerario de arriba abajo, apunta en el esquema copiado cualquier cambio adicional que consideres. ¿Está tu historia más clara? La objetividad del esquema propicia la claridad, y la claridad propicia el éxito.

ELEGIR BIEN A LOS AMIGOS

«Sé fiel a ti mismo, pues de ello se sigue, como el día a la noche, que no podrás ser falso con nadie». ¿Qué quiere decir «Sé fiel a ti mismo»? Quiere decir que nos escuchemos a nosotros mismos y, muy especialmente, nuestras sospechas, esas corazonadas, pálpitos y presentimientos que nos advierten de que nos estamos desviando de nuestro camino. Todos tenemos una brújula interna que nos indica cuándo perdemos el rumbo, cuándo nos dejamos llevar por unas circunstancias que no nos benefician.

Puede que la brújula se manifieste como una desazón, mariposas en el estómago, tensión en el pecho e incluso falta de aliento. Estos síntomas físicos reflejan el malestar psíquico. De una manera intuitiva sentimos lo que tal vez no verbalizamos.

Todos tenemos un radar que examina nuestro terreno emocional e indica «seguro» o «no seguro». El radar es el don del discernimiento. «Peligro», advierte. Prestando atención a nuestro radar, emprendemos un rumbo seguro. Nuestro radar es indispensable a la hora de evaluar la situación en la que nos encontramos. A la hora de evaluar a las personas, nos ayuda a elegir a los amigos.

Como escritores, somos vulnerables. Tenemos muy desarrollada la imaginación, lo cual significa que puede que fragüemos historias para calmar nuestra psique. Puede que, cuando el radar dé la señal de alerta, nos inventemos una trama para justificarnos. Puede que, en vez de hacer caso de la advertencia, nos inventemos una historia que entra en conflicto con nuestros deseos. Sí, como escritores somos ingenuos. Nos devanamos los sesos para crear una narrativa de nuestro agrado.

Pongamos por caso que un amigo quiere que le apoyemos en una empresa arriesgada. Nuestro radar —nuestro radar interno— da la señal de alarma: mantente alejado. Pero, como no deseamos herir los sentimientos de nuestro amigo, levantamos la espada del discernimiento contra nosotros mismos. Estamos paranoicos, nos decimos. La empresa solo *parece* arriesgada. En contra de nuestro buen juicio, ignorando nuestro radar, decidimos invertir. Aquí corremos un riesgo. Estamos actuando con una falta de honestidad retorcida, no estamos siendo fieles con nosotros mismos. Urdiendo una mentira —haciendo gala de nuestra buena fe—, no solo nos engañamos a nosotros mismos, sino a nuestro amigo.

«Ser fiel con uno mismo» es algo que requiere honestidad. Debemos prestar atención a esas «punzadas» fugaces que nos advierten de que estamos perdiendo el rumbo. Como escritores, hemos de mantenernos alertas ante amistades y lectores dignos de confianza, esas personas a las que nuestro radar apunta con un «todo despejado». Si estamos atentos, atentos a nuestro instinto, encontramos amigos generosos y alentadores. Si no prestamos atención a nuestro radar, nos vemos atrapados en relaciones que ponen en peligro nuestra autoestima y nuestro trabajo.

«Mi pluma curará, no lastimará».

L. M. Montgomery

El hecho de encontrar un vínculo tan estrecho entre nuestro trabajo y nuestra autoestima puede parecer exagerado, pero un escritor está estrechamente ligado a su trabajo. Pongamos por caso que hemos ignorado nuestro radar una vez más y que hemos dejado nuestro trabajo en manos peligrosas. Un lector envidioso puede dañar nuestra autoestima y frustrar nuestras posibilidades de éxito. La escritora Sonia Choquette mostró su primer borrador a un lector envidioso. «¿Es el inglés su segundo idioma?», le preguntó el lector con malicia. Dolida por esta observación, Sonia enterró su libro y su sueño de ser escritora durante diez largos años. Yo desenterré el libro de su escondite y me pareció bastante bueno. Me convertí en un espejo creyente para Sonia y, con mi apoyo, sacó el libro a la luz y, con el interés de Random House, se publicó con éxito. La historia de Sonia tiene un final feliz: ya ha escrito una docena de libros. Sin embargo, jamás podrá recuperar los diez años que dejó de escribir.

«Ser fiel con uno mismo» implica tener carácter, ese término anticuado. Hace falta carácter, y una atención plena, para evaluar como es debido el carácter o la falta de carácter de los demás. Consultando nuestro radar, nuestra brújula interior, vamos por buen camino. Cuando hacemos frente a lo que encontramos, nos es propicio. Buscamos amistades y lectores íntegros, otra palabra anticuada. Merecemos —al igual que nuestro trabajo— compañeros dignos y bien elegidos.

LAS OPINIONES

Has terminado el segundo, tal vez incluso el tercer borrador. Te has esmerado al máximo en tu proyecto y ahora tienes ganas de mostrárselo a otras personas para que lo lean y te den su opinión, la prueba de fuego. ¿Hasta qué punto estará a la altura tu borrador? Quieres conocer la opinión de otros, pero no de cualquiera. Ahora buscas espejos creyentes, personas generosas que crean en ti y en tu valía, personas que no sean envidiosas, personas que entiendan tu objetivo: la excelencia. Los espejos creyentes escasean y son un tesoro.

A la hora de realizar un escrutinio entre los amigos en busca de espejos creyentes, hay que ser pragmático. Entre tus posibles lectores, ¿quién es envidioso? Tal vez eso no suponga un problema en las relaciones en el día a día, pero es un defecto pésimo en un espejo creyente. Buscas a quienes sean generosos, y quieres a más de uno. A pesar de que sopesarás detenidamente todas las opiniones, no deseas dar demasiado poder a ningún lector en particular. Por tanto, seleccionas como mínimo a dos lectores, ambos espejos creyentes.

Entregas tu trabajo a tus espejos creyentes, esas personas que quieren lo mejor para ti y para tu trabajo, sin ningún interés personal. Puntualizas que te gustaría que te respondieran en un plazo de dos semanas. Después te pones a esperar tranquilo: dos semanas no es mucho tiempo, pero seguramente se te hará eterno. Para que el tiempo se te pase rápido y de manera productiva, lee el borrador tú también. ¿Qué opinas de él? ¿Te gustaría realizar cambios? Toma nota de tus impresiones. Si dispones de tiempo, lee el borrador por segunda vez y procura ser objetivo en las anotaciones que hagas.

Mi amigo Gerard Hackett, de cincuenta y cuatro años, es un espejo creyente para mí. Sensato y de firmes principios, es digno de confianza para que me dé su sincera opinión. Hace poco le mostré el borrador de un nuevo libro en el que estaba trabajando.

«Es bueno, pero confuso —fue su veredicto—. Las primeras cien páginas están fenomenales. Las cien siguientes hay que trabajarlas. Tienes que darle una estructura coherente».

Recibí las impresiones de Gerard con gratitud. Él no es escritor, pero sí un magnífico lector. En términos sencillos, sus observaciones señalaron las bondades y deficiencias de mi borrador. Gracias a Gerard, conseguí orientación. Sabía que no debía juguetear con las primeras cien páginas, sino centrarme en la segunda mitad del libro para conferirle, no estilo, sino estructura.

A la hora de pedir opinión, es lícito dar ciertas directrices. «Me gustaría que te centraras en los puntos fuertes del borrador. Dime lo que funciona y por qué». Según mi experiencia, centrarse en los puntos fuertes los refuerza. Centrarse en los puntos débiles refuerza esos puntos débiles, lo cual no es el objetivo.

Es conveniente preguntar: «¿Qué es lo que te ha gustado?» y «¿Qué es lo que no te ha gustado». Formula estas preguntas *después* de que te hayan dicho los puntos fuertes de tu proyecto. «¿En qué consideras que debería hacer hincapié?» y «¿En qué consideras que soy redundante?» son otras dos preguntas acertadas.

Ahora estás preparado para escuchar las impresiones de tus espejos creyentes; de uno en uno; escúchalos atentamente. Toma nota de sus observaciones y pídeles que te las aclaren y profundicen si es necesario. En general, ¿es bueno tu borrador? Esperemos que sí. ¿Qué cambios, en su caso, te recomienda hacer el primer lector? Pídele que resuma los puntos fuertes y débiles del borrador. Pregúntale si la lectura le ha resultado amena.

Escucha las críticas sin defenderte. Recuerda que tú has pedido su opinión sincera. ¿Cómo son sus anotaciones en comparación con las tuyas? ¿Hay consenso en lo tocante a los cambios que es necesario realizar? Dale las gracias por su tiempo, por las molestias y por su objetividad.

A continuación pasa al segundo lector. Una vez más escucha sus comentarios sin ponerte a la defensiva. Ten en cuenta que tú has pedido su valoración, por dura que pueda parecer. Coteja otra vez tus anotaciones con las suyas y estas con las del lector anterior. De nuevo, ¿hay consenso? Recuerda: las opiniones son impagables. Pregúntales sin rodeos si han disfrutado de la lectura. Esperemos que sí.

Recuerda que los comentarios vagos o humillantes son tóxicos. Si los recibes, no los tengas en cuenta. La culpa es de la elección que has hecho del espejo creyente, no de tu borrador.

Recuerda que los comentarios reflejarán el sesgo y la pericia de tu espejo creyente y procura tenerlo presente. Es posible que pongas el dedo en la llaga sin pretenderlo. Desconfía de cualquier opinión que consideres excesivamente vehemente, pues lo que buscas es objetividad. Al cotejar las opiniones de varios lectores puede que encuentres consenso o que una opinión te parezca más acertada que las otras. En este caso escucharás un «ajá» en tu interior cuando la opinión te oriente en una dirección que se halla en sintonía con tu intención respecto al borrador.

Recuerda que se supone que las opiniones han de ser de provecho. Los comentarios constructivos refuerzan tu proyecto, mientras que aquellos excesivamente laudatorios son fútiles. Lo que buscas son opiniones ponderadas, que reflejen con acierto los puntos débiles, fallos y deficiencias del borrador. Un espejo creyente te proporciona tanto comentarios positivos como rigor.

Recuerda que la buena voluntad es impagable. Ten presente las buenas intenciones de tus espejos creyentes. Agradece la imparcialidad de sus opiniones, cotéjalas con las tuyas y compara las impresiones de otros con tu propio criterio. Recuerda la importancia de recabar opiniones que nos retroalimenten.

Continúa pidiendo opinión a tus lectores. Ten siempre presente que sus impresiones responden a un fin constructivo: mejorar tu trabajo. Aquí es conveniente ser prudente, mostrar el trabajo únicamente a unos cuantos elegidos y solo cuando te sientas satisfecho con el borrador. El hecho de mostrar el trabajo a demasiadas personas, y demasiado pronto, es contraproducente.

Recuerda: la primera regla de la magia es la mesura. Mostrar tu trabajo antes de tiempo genera dificultades. Protege tu trabajo con prudencia, muéstralo una vez que esté listo, recibe los comentarios de tus lectores de buen grado y dales las gracias por su ayuda. Ahora estás preparado para pulirlo.

Pulir el borrador

En última instancia, ante el borrador pulido debemos plantearnos las preguntas: «¿Dice lo que quiero decir?», «¿Quiere decir lo que digo?». Esas mejoras se obtienen a partir de la claridad, y esta se obtiene a partir de la simplicidad. Básicamente estamos tratando de comunicar, y hemos de tener en mente esa comunicación como una prioridad. El resto es superfluo.

Debemos preguntarnos: «¿Qué estoy tratando de decir?». La respuesta debería ser audaz y al mismo tiempo breve, que al leerla pensemos: «¡Sí, eso es!». A veces, lo que pretendemos decir difiere de lo que hemos dicho. En tales casos hemos de optar por una de las dos alternativas. Es necesario lanzarse a la palestra. Debemos cambiar lo que hemos dicho o incidir en ello.

El invierno pasado escribí *True Love*, protagonizada por dos parejas bien avenidas. Titulé la obra «amor verdadero» porque esa era la temática; la resiliencia y generosidad del amor. Cuando se la mostré a un director, me preguntó: «¿Dónde está el conflicto?», «¿Dónde está la amargura?». Sus preguntas me consternaron.

«No hay conflicto. No hay cabida para la amargura», respondí. Luego volví a la obra y subrayé «amor verdadero». Terminé la obra con un beso. Mientras la pulía, me di cuenta de que le faltaba más ternura. Al fin y al cabo, ¿qué es el amor verdadero sino ternura?

Cuando pules un trabajo, realizas pequeños cambios según tu criterio y el de las personas que lo leen. Ahora no es el momento de revisiones exhaustivas. A estas alturas, tu borrador es lo que es. Simplemente le vas a dar más cohesión. Puede que modifiques un par de escenas para dar énfasis al tema, pero a estas alturas es obvio. Ahora el objetivo de la revisión es la claridad.

Has de plantearte dos preguntas más: «¿Empieza donde debería y termina donde debería?». A menudo las respuestas a estas preguntas son: «Debería empezar más adelante y terminar antes». Ten en cuenta que estás quitando la paja con el fin de conseguir un borrador legible y sin florituras. Sería conveniente que te preguntaras: «¿Me repito?». Si es así, corta la escena

«Escribo únicamente para averiguar lo que estoy pensando».

JOAN DIDION

infractora. Abundar en el tema es tan erróneo como no dejarlo lo suficientemente claro. Tus futuros lectores son dignos de confianza: si en general el texto está claro, entenderán el mensaje. Una vez satisfecho de haber respondido a todas las preguntas como es debido, ya dispones de un borrador pulido.

HACER FRENTE A LAS CRÍTICAS TÓXICAS

Al abrir el buzón esta mañana he encontrado una nota de un colega.

«¡Ay! —exclamaba en la nota—. ¿Mi libro es tan malo como dice esta reseña?». Se adjuntaba un recorte de prensa. El tono era hostil, tremendamente condescendiente, pero impreciso. Era lógico que el escritor se sintiera dolido. Lo llamé por teléfono para decirle que había disfrutado con su libro y que el crítico era un cretino. Estaba enfadada por él.

Cuando una crítica da en el clavo, la respuesta de nuestro yo escritor es: «¡Ajá! ¡Ahora lo entiendo!». Todos los escritores, por muy buenos que sean, anhelan ser mejores, y las críticas que contribuyen a este fin se reciben de buen grado. Sin embargo, las críticas dañinas son desacertadas, a menudo imprecisas y humillantes. Estas críticas duelen y son un despropósito. El escritor no las recibe con un «¡ajá!», sino con un «¡uf!». Deseamos ser mejores, pero las críticas tóxicas, en vez de fortalecer nuestra labor, la debilitan.

Me ha venido a la cabeza mi amigo Ted. Él escribió una maravillosa novela de misterio que mostró a la persona equivocada.

Como novelista novel, Ted trabajó largo y tendido en su manuscrito, y luego le pagó cien dólares a un agente literario para que lo leyera y le diera su opinión. Las críticas que este realizó fueron tóxicas. El agente escribió: «Este libro no es ni fu ni fa. La verdad es que no te puedo decir cómo mejorarlo. Tal vez el mejor consejo que podría darte es que pruebes con otro». Ted recibió esta crítica con entereza y se la tomó al pie de la letra. Enseguida se dispuso a intentar escribir otro libro, pero la crítica condenatoria había lastimado a su yo escritor y tenía miedo de confiar en su instinto para distinguir lo que estaba bien y lo que estaba mal.

Ted puso el libro a buen recaudo en un cajón. Al cabo de ocho años, le insistí en que me enseñara el borrador. Era maravilloso, lo cual le dije a Ted. Pero el daño ya estaba hecho, y no me creyó. A fin de cuentas, yo era su amiga.

«¿No hay que reescribirlo entero? —preguntó—. Me temo que no soy capaz de detectar los fallos del libro».

«No —respondí—. Creo que está listo. Enviémoslo a otro agente». A pesar de que Ted accedió a regañadientes, en el fondo opinaba que el libro era muy flojo. Cuando la agente le dijo que el manuscrito estaba listo para presentarlo a editoriales, él lo puso en duda. En vez de darle el visto bueno, le dijo: «En mi opinión hay que trabajar mucho en él». La actitud de Ted dejó atónita e indignó a la agente, que retiró su oferta como representante, y Ted se tomó esa renuncia como la prueba que necesitaba de la mala calidad del libro.

En mis años en el oficio he encontrado que los casos como el de Ted son el pan de cada día. A menudo me preguntan: «Julia, con tu trabajo sobre desbloqueo creativo, ¿no temes estar desbloqueando mucha escritura de mala calidad?». Pienso en Ted y respondo: «No. Hay bloqueados muy buenos trabajos».

«Todos tenemos talento porque todos los seres humanos tenemos algo que expresar».

Brenda Ueland

Por regla general hemos de ser muy cautelosos con las críticas que recibimos. De entrada, siempre debemos mostrar nuestro trabajo a espejos creyentes, a aquellas personas que nos quieren bien y que disfrutan de la lectura por el puro placer de leer. Lo ideal es buscar a más de un lector y que todos realicen críticas constructivas, pero es posible que viertan críticas tóxicas, y hemos de estar atentos para distinguirlas. ¿Son imprecisas, humillantes o condenatorias? Debemos tener presente la posibilidad de que a un crítico tóxico pueda simplemente darle envidia nuestro trabajo.

Las primeras reseñas de mi novela negra *The Dark Room* fueron prometedoras. El libro era bueno y, como es lógico, yo me sentía orgullosa de él. Luego llegó una reseña condenatoria. El crítico se preguntaba qué hacía una «gurú *new age*» escribiendo en un género tan diferente. Descubrió que al héroe del libro le encantaba Carl Jung, cosa que a él estaba claro que no. Este freudiano arremetió con dureza contra Jung. Apenas mencionó mi libro, condenado por la asociación. La crítica injusta me dolió en el alma. Sopesé la idea de disculparme públicamente, pero, en vez de eso, recurrí a uno de mis trucos favoritos: sacarme la espina tomándomelo con sentido del humor. Escribí:

> *A Bill Kent va dedicado este poema,*
> *pues su pesadumbre ha de ser extrema*
> *por centrar en Carl Jung su crítica*
> *en vez de en el libro que una publica.*

El humor es el mejor antídoto contra las críticas tóxicas. Le aconsejé a mi amigo Ted que tomara una dosis para sanar su herida. Ted escribió:

A un hombre pedí opinión
y una sarta de mentiras prodigó.
El crítico dijo que el libro era infumable
y le deseé una muerte inevitable.

Ted y yo nos reímos con socarronería del dardo que le lanzó al malévolo agente literario. Decidió tener más perspicacia y entereza para no tomarse tan a pecho las críticas. Al cabo de unos días, recibí una llamada de Ted.

«He vuelto a escribir —anunció. Recibí la noticia con euforia—. No puedo creer lo mucho que lo he echado de menos». Ted, exultante, hacía años que no parecía tan feliz.

«Escribir es sanar —le dije—. Sigue adelante».

CÓMO SABER CUÁNDO TERMINAR

Con el crepúsculo, las majestuosas montañas se tiñen de lila mientras un largo día toca a su fin. Esta noche hay luna llena, que bendice lo que escribo. Pero a lo mejor no escribo nada. Mi proyecto está tocando a su fin. Se acabó. Es la intuición lo que me infunde la sensación de cierre, de que he escrito «lo suficiente». Al ponerme a escribir, examino mi horizonte emocional en busca de un último tema, pero mi búsqueda es infructuosa. Está claro que he terminado.

La finalización de un trabajo es un sentimiento basado en hechos. He escrito lo que tenía previsto, quizá algo más. Me he nutrido constantemente de mi pozo interior y me he preocupado de reabastecerlo con citas con el artista. Pero ahora, al buscar más palabras, no encuentro ninguna. ¿No hay palabras? No, no las hay.

No obstante, en vez de entrar en pánico, me siento tranquila. He escrito suficientes palabras.

¿Cómo lo sé? Cuando un proyecto finaliza, nos invade una sensación de calma, de constante satisfacción. No hay ninguna prisa en seguir adelante. Lo hecho, hecho está. Nuestro yo escritor se siente satisfecho. Al plantearnos seguir trabajando, no surge ningún tema. Por el contrario, experimentamos una sensación de consecución, y digo «sensación» a sabiendas de que suena vago. Sin embargo, la sensación no es vaga, sino peculiar. Es una sensación diferente, más apacible que los momentos en los que me he atascado durante el proceso de escritura. La sensación no es de estar atascado, sino de consecución, de culminación. Tal vez sientas algo de vacío porque de repente hay espacio donde antes te acompañaba constantemente el borrador. Que no te extrañe si te sientes perdido: *estás* perdido. Para consolarte, tal vez te pongas a escribir, a expresar tus sentimientos.

Podrías escribir: «Bueno, creo que he terminado. No tengo nada más que añadir. Curiosamente me siento vacío. No, me siento como si me hubieran amputado un miembro. Suena dramático, pero es que acabar un trabajo es dramático. ¿Y ahora qué?».

Preguntarse «¿Y ahora qué?» es una señal de la presencia del yo escritor. Ya echas de menos escribir, lo cual te indica que el final es realmente un comienzo: te encanta escribir.

La luna argéntea asciende por el cielo. Es la luna de la cosecha, y lo que yo estoy cosechando es mi proyecto. La luz de la luna, serena y estable, se filtra por mi ventana. Si me permito sentirla, yo también me siento serena y estable. «Un trabajo bien hecho», me digo. Me *encanta* escribir.

«No hay un final real. Es solo el lugar donde detienes la historia».

Frank Herbert

✐ TAREAS

1. Comprométete de nuevo: ha concluido el proceso de seis semanas, y deberías llevar tu borrador muy adelantado. Ahora llega el momento de comprometerte de nuevo con tus herramientas. ¿Estás escribiendo las páginas matutinas todos los días? ¿Estás organizando las citas con el artista y los paseos? ¿Ha llegado la hora de organizar más citas o paseos? ¿Estás realizando tu cuota diaria?

2. Contención: dibuja un círculo. Escribe dentro los nombres de aquellas personas de tu vida que no suponen una amenaza para tu yo escritor, personas generosas, consideradas, que te animan y velan por tus intereses. A continuación, fuera del círculo, escribe los nombres de las personas de tu vida que suponen una amenaza para tu yo escritor. Es posible que se sientan bloqueadas o que sean excesivamente críticas, mezquinas o sentenciosas. Protege a tu yo escritor de estas personas y no compartas con ellas tus primeros borradores o tus reflexiones durante el proceso. Cultiva el amor propio por medio de la contención hacia aquellas personas de tu vida que son tóxicas para tu yo escritor.

3. Elegir bien a los amigos: observa el círculo y elige a unos cuantos amigos de los nombres anotados a los que podrías mostrar tu borrador cuando llegue el momento. A lo mejor consideras oportuno ponerte en contacto con ellos y preguntarles si estarían dispuestos a leer tu borrador cuando esté listo.

4. Celebra tus logros: ¡enhorabuena! Es hora de celebrar todo lo que has conseguido a lo largo de las seis últimas semanas. ¿Puedes organizar una cita

con el artista para todo el día? ¿Puedes comprarte algún capricho o tomarte un descanso adicional? ¡Por favor, mímate!

5. Planifica el futuro: a medida que avanzas en tu borrador, realizas la cuota diaria y cuidas de tu yo escritor con las herramientas de las que dispones, puedes planificar el futuro. Esta semana hemos tratado cómo saber cuándo está listo el borrador y cómo pasar al segundo borrador, pulir y pedir opinión a amigos que no supongan una amenaza. Espero que en adelante uses este libro a modo de manual, que repases los ensayos a medida que los necesites y que tengas presente que no estás solo en tu camino de escribir para vivir.

REGISTRO

1. ¿Cuántos días de esta semana has escrito tus páginas matutinas? ¿Eres capaz de ponerte con ello sin dilaciones y de escribirlas sin interrupciones ni distracciones?

2. ¿Has organizado tu cita con el artista? ¿En qué consistió? ¿Qué tal estuvo? ¿Sentiste sincronía, optimismo, la presencia de un poder superior benévolo o las tres cosas?

3. ¿Has dado tus paseos? ¿Eres capaz de realizarlos en solitario y sin distracciones? ¿Has probado a plantearte una pregunta al salir para ver si regresas a casa con una respuesta?

4. ¿Has realizado tu cuota diaria? ¿Cuántas páginas llevas de tu proyecto? ¿Te hace ilusión comprobar cómo vas acumulando páginas?

Índice alfabético

contención, 229

correo electrónico, 49, 191-192, 205

COVID-19, pandemia de, 156

coyotes, 80

creencias

  negativas, *véase* creencias limitantes

  positivas, *véase* afirmaciones positivas

creencias limitantes, 177, 180-182, 204

creencias negativas, *véase* creencias

   limitantes

críticas, 31, 32-33, 147

  véase también crítico interior

críticas tóxicas, hacer frente a las, 224-227

crítico interior, 30, 31, 71-74, 98, 119

  creencias limitantes, 180-182

  duda y el, 169

  perfeccionismo y, 69-71

  tareas, 92-93

  toparse contra el Muro, 201-202

cuota diaria, 28-30, 89, 186

  poner el listón bajo para la, 74-78, 115

  privación de los medios de comunicación

   y, 182-186

  tareas, 50

  véase también páginas matutinas

depresión, 119, 156

«desbloqueo creativo», 23, 98, 225

descansos, 60, 184, 195, 196, 197

«despacito y con buena letra», 78, 88,

  114, 197

«día a día», 88, 89

Didion, Joan, 223

dinero, 27, 135, 160, 165, 181, 182, 191

Dios, 26, 45, 46-47, 110, 111, 136

  pedir orientación a, 120-122, 129-130

véase también oración; espiritualidad

disciplina, 18, 19, 30, 87, 89, 115, 116-

  118, 151

disfrute, 32, 34, 39, 117, 119, 204

  disciplina y, 118

  tareas, 206

  véase también gozo de escribir

Doctorow, E. L., 215

drama, 154-158

duda, 168-170

  enloquecedores, 69

  toparse con el Muro, 201-202

«engaño del tiempo», 65

enloquecedores, 164-168

  tareas, 172

entender la vida, 132-135, 139

enraizarse, 38-40

entusiasmo, 87, 89, 117, 118, 130, 184,

  200, 201

Epícteto, 29

Erasmo de Róterdam, 89

escribir

  como acto de valentía, 20, 136

  como disciplina diaria, 19

  como forma de arte portátil, 90

  mitología de, 30-32, 41, 101-102, 112,

   116, 133, 155

  rutina de, *véase* rutina como camino

   espiritual

  saber cuándo terminar de, 227-228

  véase también escribir a diario; escribir a

   mano; páginas matutinas

escribir a diario, 33, 86, 155, 180

escribir a mano, 91, 98-99, 115, 126-129

  tarjetas, 19